中华先锋人物
故事汇

# 樊锦诗

### 敦煌的女儿

FAN JINSHI
DUNHUANG DE NÜ'ER

顾抒 著

党建读物出版社　接力出版社

感谢敦煌研究院对本书编写的大力支持

## 图书在版编目（CIP）数据

樊锦诗：敦煌的女儿／顾抒著．—南宁：接力出版社；北京：党建读物出版社，2021.6

（中华人物故事汇．中华先锋人物故事汇）

ISBN 978-7-5448-7206-5

Ⅰ.①樊… Ⅱ.①顾… Ⅲ.①传记小说-中国-当代 Ⅳ.①I247.5

中国版本图书馆CIP数据核字(2021)第095994号

**樊锦诗 —— 敦煌的女儿**

顾 抒 著

---

责任编辑：袁怡黄　朱瑞婷
责任校对：阮　萍　高　雅
装帧设计：严　冬　许继云　　美术编辑：高春雷
出版发行：党建读物出版社　接力出版社
地　　址：北京市西城区西长安街80号东楼（邮编：100815）
　　　　　广西南宁市园湖南路9号（邮编：530022）
网　　址：http://www.djcb71.com　http://www.jielibj.com
电　　话：010-65547970/7621
经　　销：新华书店
印　　刷：河北鹏润印刷有限公司
2021年6月第1版　　2022年8月第4次印刷
787毫米×1092毫米　32开本　　5.5印张　　80千字
印数：25 001-35 000册　　定价：25.00元

---

本社版图书如有印装错误，我社负责调换（电话：010-65547970/7621）

# 目 录

写给小读者的话 ········· 1

三危山的金光 ········· 1

敦煌——沙漠里的童话世界 ··· 5

蜈蚣梯上的女孩 ········ 9

黑夜里的眼睛 ········· 13

江南囡囡 ··········· 19

北大，北大 ·········· 27

我的命就在敦煌 ········ 33

花点点手绢 ·········· 39

树下弹筝 ··········· 45

西行护宝 ··········· 49

老鼠、驴车和热血的抉择 ··· 53

一杯沉甸甸的咖啡·········61

心之所向·········71

真正的"供养人"·········75

天各一方·········79

难陀与孙陀利·········85

二十一年后的团聚·········91

推迟一点儿，再推迟一点儿···99

希望它再存在一千年·········103

千年莫高，梦幻佛宫·········109

绝不当"王道士"·········113

敦煌的春天·········117

我就是这个"调"·········121

禅定佛的微笑·········131

一生所爱，一世守护·········137

未来在你手中·········147

后记·········159

# 写给小读者的话

亲爱的小读者们,你们一定读过唐代诗人王之涣的《凉州词》吧?"羌笛何须怨杨柳,春风不度玉门关。"王维的《送元二使安西》,你们也必能倒背如流:"劝君更尽一杯酒,西出阳关无故人。"

两首诗描写的都是边塞悠远苍凉的风光。两千多年前,汉武帝反击匈奴,打通了河西走廊,"列四郡,据两关"。"四郡"为武威、酒泉、张掖、敦煌。"两关"就是诗中的"玉门关"和"阳关",也是古代丝绸之路从中原往来西域的门户。

敦煌,自从丝绸之路的驼铃叮当响起开始,就与中国的文化艺术和宗教结下了不解之缘。公元三六六年,乐僔和尚在此见到了三危山的万丈金光，开凿了敦煌的第一个石窟。此后不断有人捐资开窟，兴建寺院。随着丝绸之路的繁荣兴盛，敦煌石窟在隋唐时竟达到了上千个，被称为"千佛洞"，其中保留了无数历史文化遗产和艺术瑰宝。

无畏于黄沙漫天，一代又一代的敦煌人痴心不改地守护着这块"圣地"，哪怕远离自己的至亲，哪怕一度被世人遗忘。他们将一腔热血交付于此，从鲜衣怒马的少年变为满面风霜的老人。他们将一生岁月交付于此，只求敦煌石窟从人间消失的时刻推迟一点儿，再推迟一点儿。

在这群默默奉献的敦煌人之中，有一个瘦削却坚毅的身影格外引人注目，她就是敦煌研究院的第三任院长樊锦诗。这个江南长大的女孩，在一九六三年以北大历史系毕业生的身份正式来到敦煌，一待就是五十多年，再也没有离开。为了敦煌，樊锦诗告别了温暖的家园，只身奔赴缺水断电的内陆小城；为了敦煌，樊锦诗曾与爱人分离了整整十九年，也亏欠了两个孩子许多；为了敦煌，樊锦诗在艰难时刻无法一直陪伴家人，只能听着九层楼的风铃声,独自怀乡……在这漫长的时间里,她凭借扎实的专业基础,从危险的蜈蚣梯顶端一点点地开始考古工作,与同事们并肩清理流沙,直到后来和莫高窟人以科技手段保护石窟,守护敦煌,如今推出数字高清电影《千年莫高》、球幕电影《梦幻佛宫》,尽可能地留存下每一幅珍贵的壁画与文物资料。

敦者,大也。煌者,盛也。敦煌石窟的文化艺术是中国的骄傲,敦煌文物和经卷的流失却令人痛不已。樊锦诗说过:"你对它有深深的爱,就会想尽一切办法保护它。"

小读者们,不妨翻开这本书,看一看樊锦诗与她倾尽心血守护的敦煌吧!

愿你们永不忘记守护这份宝藏的前辈们。

# 三危山的金光

风沙漫天,尘埃飞扬。

一千多年前,河西走廊的西端,茫茫的大漠之中,有个人正在踽踽独行。他身披袈裟,手拄禅杖,拉长了的影子看起来分外孤独。

此人名叫乐僔,是一位云游四方的苦行僧。

乐僔和尚拖着沉重的步伐,吃力地往前走着。这时候已是傍晚,他又饥又渴,再也走不动了,只得坐在起伏的沙丘旁歇息。就在这时,周围仿佛有点异样。他猛地抬起头来,只见夕阳西下,那橘色的余晖恰好映照在面前的三危山上,三危山顿时闪耀着万丈金光!

三危山算不上是什么名山大川,但位于西北

内陆的山峦,自有一种粗犷雄浑、惊心动魄的气势。这时,在一片扑朔迷离的金光之中,三座危峰仿佛化作万佛显出真容;光线变幻,好似有无数菩萨同时现身,有的在诵经,有的在说法。光芒轮转,又隐约像有仙女挽着绸带在轻盈地飞舞,有的在散花,有的在奏乐……

一心虔诚礼佛的乐僔和尚还是头一次见到如此景象,心中万分感动,他想,大自然如此神奇,自己苦苦寻找的"佛光"不就在此地吗?一时间,他感到身心愉悦,旅途的疲惫也随之消散,于是他连忙站起身来,双手合十。

为了这亲眼所见的"佛光",乐僔和尚决定留下来,专心在此修行。他辛苦地化缘募捐,又请来能工巧匠,在大泉河西岸的岩壁上开凿了第一个洞窟。谁能想到,从此之后,在这"大漠孤烟直,长河落日圆"的地方,竟然燃起了香火,响起了诵经的木鱼声!

于是,敦煌莫高窟的第一个石窟诞生了。

其实,从科学的角度来看,乐僔和尚当时所见到的"佛光",只是雨后产生的一种自然现象,今天在三危山上仍然可以见到。因为三危山是剥蚀残山，山上不生草木，暗红色的岩石中含有石英、云母等矿物质，一经阳光照射，就金光闪闪。

岁月如梭，此后又有一个和尚来到大泉河谷，也在一个傍晚看到了三危山上的"佛光"。他在第一个洞窟旁边，又开凿了第二个洞窟。这个和尚名叫法良。自此之后，一代又一代的佛门弟子、达官显贵、商贾百姓都在这里捐资开窟，兴建寺院。

到了隋唐时期，随着丝绸之路的繁荣兴盛，莫高窟的洞窟数量竟然达到了上千个，因此又被叫作"千佛洞"。

乐僔和尚建洞窟的时间大约是前秦建元二年（东晋太和元年，公元366年），他大概怎么都想不到，一千多年以后的二十世纪六十年代，会有一个年轻的女孩背着行李，千里迢迢地从北京大学来到遥远的大西北，倾其所有地守护这片由他第一个开启的沙漠圣地。

也许连女孩本人也没有想到，这一来，就是一辈子。

# 敦煌——沙漠里的童话世界

"敦煌定若远，一信动经年。"

一个一头青丝的少女，伸出自己纤瘦的双臂守护敦煌莫高窟，将一生的时间付与大漠风沙，变成了白发苍苍的老奶奶。她为莫高窟付出了一切，内心的信念与乐僔和尚一样纯粹，一样虔诚，只是召唤她这么做的，并非三危山的金光，而是这里灿烂的历史与文化艺术。

她名叫樊锦诗，著名的考古学家和博士生导师，第三任敦煌研究院院长，现在的敦煌研究院名誉院长。但在这些身份之前，她首先被人们亲切地称为"敦煌的女儿"。

看，高高的蜈蚣梯上，那个脸庞圆圆、留着

齐耳短发的女孩正出神地望着洞窟里的雕像和壁画，浑然忘却了洞外的世界。"看一个——好，再看一个——还好。连着看了好几天……哎呀，好像进入了一个艺术的宫殿，好像进入了一个童话世界！"

第一眼，就注定了她一生将与敦煌结缘。

"灿烂的阳光，照耀在色彩绚丽的壁画和彩塑上，金碧辉煌，闪烁夺目。整个画面，像一幅巨大的镶满珠宝玉翠的锦绣展现在我们面前，惊心动魄。"樊锦诗永远忘不了那份最初的感动。

敦煌莫高窟一共留下735个洞，4.5万多平方米壁画，3000多身彩塑，1个藏经洞。

第96窟是莫高窟最高的一座洞窟，高33米，巍峨壮观，也叫"北大像"。"九层楼"附岩而建，是莫高窟的标志性建筑。

第305窟，隋代的飞天正在凭着栏杆俯瞰人间。她们有的坐在莲花上，有的从天而降，那曼妙的姿态像在游泳，又如同在飞翔。虽然是静止不动的壁画，却充满了动感，仿佛她们真的要走下墙壁，来到人间似的。

172窟南壁的盛唐《观无量寿经变》、220窟南壁的初唐《无量寿经变》等描绘出整个西方净土世界，把一部佛经变成了一幅大画。里头有莲花，有宝树，有池塘，有歌舞音乐。那细致的一笔一画，鲜艳的色彩，实在令人过目难忘……

敦煌不只是古代佛教徒们的圣地，莫高窟的艺术世界里，还藏着一个包罗万象、无比辽阔的现实世界。公元四世纪至十四世纪人们的生活场景都被记录在了众多洞窟的壁画中，上至帝王将相，下至普通百姓，他们的播种、收获、宴饮、乐舞、嫁娶、战争、出行，以及他们的喜怒哀乐，千年前的人生百态尽在其中。

在敦煌，甚至还可以看到古代孩子们的生活呢。

在特殊保护洞窟第220窟的南壁上有一幅初唐时期的化生童子壁画，欢乐嬉戏的三童子中，两个童子身着汉族传统的红色交领半臂、绿色短裤，另一个童子则穿着背带条纹的波斯小口裤，那样的服饰代表了唐代的风尚。

第112窟中唐时期的群童采花，217窟盛唐时期的童子叠罗汉，148窟盛唐时期的童子演奏乐器，以及敦煌供养人壁画里的孩子形象，都让樊锦诗感到趣味无穷。

"是啊，敦煌真是太美了，里头什么都有。"几十年过去了，樊锦诗还是会以梦幻般的语气这么对人们说。她曾为来到敦煌参观的孩子们讲解文物，一讲就是近一个钟头。

"看见敦煌，也就看见了中国，看见了我们源远流长的历史和文化，也看见了亘古不变的世相与人心。"这是敦煌研究院在一次展览中书写的一段前言。

# 蜈蚣梯上的女孩

现在,让我们从洞窟中收回视线,再转过头来看看当年那个年轻女孩脚下的蜈蚣梯。

你知道什么是蜈蚣梯吗?

蜈蚣梯又叫蜈蚣挂山梯,它可不是那种牢固结实的工程梯,就像它的名字一样,只是将一根树干插上树枝制作而成的简陋爬梯。它被悬挂在莫高窟的洞窟,当时樊锦诗和工作人员们就只能依靠这摇摇欲坠的蜈蚣梯入洞作业。在那时的敦煌,莫高窟的洞内拥有世界上独一无二的瑰宝,洞外却是一片破败。内外强烈的对比反差,令樊锦诗感到难以置信。

我们可以在关于敦煌的文献中读到这样令人

痛心的句子："清光绪二十六年（公元1900年）发现了震惊世界的藏经洞。不幸的是，在晚清政府腐败无能、西方列强侵略中国的特定历史背景下，藏经洞文物发现后不久，英人斯坦因、法人伯希和、日人橘瑞超、俄人奥登堡等西方探险家接踵而至敦煌，以不公正的手段，从王道士手中骗取大量藏经洞文物，致使藏经洞文物惨遭劫掠，绝大部分不幸流散，分藏于英、法、俄、日等国的众多公私收藏机构，仅有少部分保存于国内，造成中国文化史上的空前浩劫。"

莫高窟坐落于敦煌城东南二十五公里的鸣沙山东麓的崖壁上，前临宕泉，东向祁连山支脉三危山。它与山西大同云冈石窟、河南洛阳龙门石窟、甘肃天水麦积山石窟并称为中国四大石窟，既是中国的艺术瑰宝，更是璀璨的世界文化遗产。

可是，自从明嘉靖七年（公元1528年）封锁嘉峪关，敦煌又成为边塞游牧之地。其后，莫高窟历经弃置、战火和浩劫，直到新中国成立才又重新回到人们的视野之中。

因此，在樊锦诗来到敦煌时，这里已经被岁月蒙上了厚厚的尘土，变成了一块几乎与世隔绝、遗世独立的地方。放眼望去，除了尘土，还是尘土。

在这苍凉的戈壁滩上，来到此地的人们在极其简陋的条件下，为了保护莫高窟夜以继日地艰苦工作着。想要进入洞窟去做考古研究，不靠这蜈蚣梯，又能靠什么呢？

那时，樊锦诗只是个刚毕业的大学生，她的胆子不算大，爬这颤颤巍巍的蜈蚣梯时小心翼翼的，万一不留神从高处坠落，那可不是闹着玩的。爬到顶端朝下一看，离地面居然那么远，她的腿肚子都在不停地发抖。

可是，敦煌的美深深地吸引着她，对于洞窟里万千宝藏的向往战胜了恐惧。她想出了一个办法，每天揣着几个干馒头进洞，尽量不喝水，这样可以减少攀上爬下的次数，节省了时间，便于将精力百分之百地投入研究工作中。

即使如此，樊锦诗依然要面对每天攀爬蜈蚣梯的挑战。

这个瘦小的女孩没有屈服,硬是站在蜈蚣梯的高处,一点点积累起宝贵的第一手考古资料。

其实,爬蜈蚣梯只是守护莫高窟的无数困难中的一个而已。

# 黑夜里的眼睛

一间不足二十平方米的屋子，就是樊锦诗当年的居所。房间里的设施简陋到让今天的我们难以想象：睡觉的炕是土堆的，桌子是土砌的，连凳子都是土做的。唯一的一张沙发硬邦邦的，坐一会儿就硌得慌。可就是在这个城里的孩子连一分钟都待不下去的屋子里，樊锦诗与她的前辈和后辈一起，在油灯下完成了不计其数的案头工作。

是的，大漠的夜里风声呜咽，一盏如豆的灯火忽明忽暗。那时的敦煌真的太苦了。那里没有电灯，敦煌文物研究所[①]直到一九八一年才通上

---

[①] 敦煌文物研究所的前身是1944年成立的敦煌艺术研究所，1950年改组为敦煌文物研究所，1984年扩建为敦煌研究院。——编者注

电，在那之前樊锦诗和其他敦煌研究人员除了昏暗的油灯，所能借助的唯有天地之间的日月光华。那里也没有自来水，沙漠地带本来就缺水，饮用水是那么珍贵，谁敢用来尽情地洗手、洗澡呢？就连饮用水，也是又咸又苦的，和北京城里不能比，更不可能像她的家乡江南的水那么甘甜。

那时候又没有手机和网络，整个敦煌文物研究所只有一部手摇电话。这个罗布泊边缘的小城交通不便，信息闭塞，宛如一个孤岛，只有匆匆过客来了又去了，真正驻守在这里的人只有樊锦诗和她的同事们。

住在这样的"孤岛"上，要说一点儿不害怕，那不是真的。有一件事给樊锦诗留下了很深刻的印象，让她直至今天依然难以忘怀。

那还是初到敦煌实习的时候，同行的只有她一个女学生，当时她住在莫高窟旁边的破庙里，晚上用蜡烛或手电筒照明。让她头疼的是夜间上厕所必须出门走上一段不算短的路，她不好意思麻烦别人，往往只得一个人硬着头皮去。

有一天晚上,她照旧一个人走夜路去上厕所。走着走着,沙漠强劲的风在耳边凄厉地怪叫,她裹紧了衣服,忽然觉得哪里有点不对劲,一扭头,猛然间发现一片茫茫的黑暗之中有一双绿幽幽的眼睛,正在目不转睛地盯着自己看!

"这是……这该不会是……狼吧?"

樊锦诗听老乡们说过,敦煌是有狼的。狼会将两只爪子搭在人的肩膀上,等人回头的时候就一口咬在脖子上。本来风就吹得人浑身发冷,再被这么一吓,她浑身都僵了,不敢再回头,越走越快。

躲回住处后,樊锦诗彻夜未眠。第二天天亮起来,她和其他人讲述了这一段夜晚的冒险,别人却哈哈大笑,告诉她那其实是一头驴。

而那想象中绿幽幽的"狼眼",原来是那头驴的大眼珠子。

樊锦诗这才松了一口气,也笑了起来。

敦煌有一幅名叫《劳度叉斗圣变》的壁画,采用左右对称的构图形式,画出了婆罗门教徒劳度叉与佛教徒舍利弗各坐一方斗法的情景。

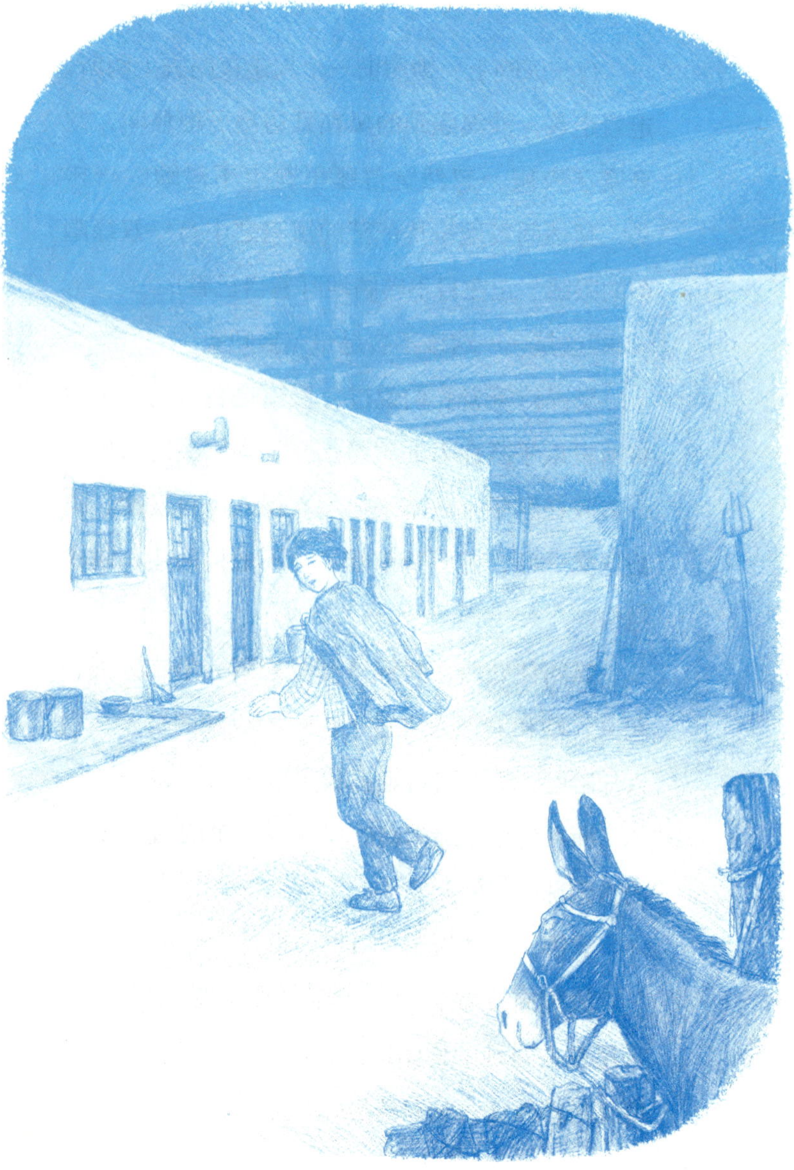

一场激烈的较量开始了。劳度叉先变幻出一座高峻的宝山,有众神仙驾鹤乘龙唱着歌,舍利弗变出一位金刚力士,用金刚杵把宝山打得粉碎;劳度叉又变幻出一头水牛,舍利弗则变幻成猛狮,咬死了水牛;劳度叉变出一个波涛汹涌的深水池,舍利弗则变出一头大象,用长鼻子吸干了池水;劳度叉又变出一条巨大的毒龙,舍利弗变出美丽的金翅鸟,把毒龙啄死;劳度叉又变幻出夜叉,舍利弗变出了毗沙门天王,夜叉只好跪地求饶了;劳度叉又变出一棵大树,舍利弗就吹了口气,顿时狂风大作,把大树连根拔起,还吹倒了劳度叉的帷帐。劳度叉无计可施了,只得甘拜下风,皈依了佛法。

樊锦诗和她的同事们坚守在敦煌,就像这个故事里的舍利弗一样。只不过他们斗法的对象不是人,而是恶劣的自然环境和不容乐观的文物保护状况。樊锦诗和敦煌的工作者们就像金刚力士,用双手抵挡着大漠的风沙,不让它们侵蚀珍贵的洞窟;又像是美丽的金翅鸟,以羽翼护住雕塑和壁画,不让这些文物再流失到别的地方。

不过,当时的敦煌虽然条件艰苦,甚至需要研究人员克服普通人难以克服的困难,但也清静安宁,无人打扰,倒是一个潜心做学问的好地方。

在不同时间从四面八方来到敦煌的志同道合者,就这样在黑夜中以非凡的意志和脚踏实地的工作,一点儿一点儿拂去了历史落下的尘埃。经过几代人不懈的努力,沉睡千年的敦煌莫高窟宝藏终于睁开了双眼。

## 江南囡囡

在勇敢地爬上蜈蚣梯之前,樊锦诗也曾经像小读者们一样,是一个小孩子。

她祖籍杭州,一九三八年七月九日生于北平协和医院。因为是早产儿,她和孪生姐姐被放在暖箱里留院观察。她从小就体质偏弱,多病多灾。她们姐妹都是"梅"字辈,所以大姐的名字里有个"梅"字,但清华毕业、身为工程师的父亲认为女孩子也要饱读诗书,所以分别以"诗""书"为这对孪生姐妹命名,寄予厚望。

日本发动全面侵华战争,北平失陷后,知识分子们拒绝向侵略者妥协,纷纷离开,樊锦诗一家也南下谋生,移居上海。由于家里孩子众多，一共姐弟五人，父亲一人工作，母亲操持家务，供五个孩子生活和读书，负担很重，所以"诗""书"姐妹俩由外婆家照管，一直到全家搬去虹口区。

那个年代观念陈旧，认为女子无才便是德。幸亏父亲没有重男轻女的思想，他说服了老人，坚持让姐妹俩和弟弟们一样，进了正式的学堂。

自此，樊锦诗走上了漫漫求学之路。她先后上过三个私立小学：愚园路的彼得小学、求德小学和海宁路的善导小学。公私合营之后，又进了公立的中学。

就像今天的孩子们一样，樊锦诗姐妹在学期伊始领到新书回家，总是要和父母一起包书皮。那时的书皮一点儿也不华丽，只是干干净净的牛皮纸。包好后，父亲就在书封上工工整整地写下"樊锦诗"三个字，都是楷书。父亲不仅自己练习书法，字写得漂亮，还找来颜真卿、欧阳询的字帖让孩子们临摹。樊锦诗除了临帖，也喜欢模仿父亲的字，她的字和父亲的很像。父亲热爱中国古典艺术和文化，还教孩子们背诵《古文观止》。他曾对樊锦诗说:"中国人,一定要学好古文,文章要写得好,必须要学好文言文。"

父亲的外语也非常好,他常带孩子们去看电影。在愚园路的百乐门影院,樊锦诗看过《出水芙蓉》《绿野仙踪》等电影。有一次,姐妹俩从父亲的书架上翻出了一套精致的书,可是打开一看,发现一个字也看不懂。原来,当时学校教的是俄文,而这套书是英文的。父亲说,这是英国的莎士比亚写的戏剧,里面有很多哲理。朱生豪的译本最好,可以先找中文的译本来读,以后要学好英语,这样就可以看很多英文书籍。

在樊锦诗的心中,始终有一个画面挥之不去,那就是父亲弯着腰、认真绘制图纸的样子。父亲是工程师,对待工作十分投入,手上总是不离三角板、曲线板、丁字尺、计算尺。他为人低调,下班回家后不是继续工作,就是沉浸在书本之中。

言传身教,是上一辈的父母朴素而深刻的教育方式。一饭一食、一笔一画是教育,一言一行也是教育，父亲的认真影响了樊锦诗的一生。之后的岁月里，在荒野大漠中守着七百三十五座洞窟，她不是没有想过离开，是这份认真、单纯与执着令她选择了坚持。

樊锦诗在家庭的呵护下长大，接受了良好的教育。但当时的上海极不平静，这给她的童年留下了震惊与恐惧。她记得，抗战期间，上海沦为"孤岛"，每家每户的玻璃窗上都贴着米字格纸条，以防轰炸来袭，震碎了玻璃，连窗帘都是黑的。

抗战时期，由于通货膨胀、筹备军粮以及限价等原因，米价疯涨，普通市民都想尽办法出去弄米，有孩子的家庭生活更是艰难。樊锦诗在上学路上亲眼见过路边饿死的外省难民，心中充满了同情。

特别是有一家的月婆子出去买米，好几天都没有回来，本以为她是去了乡下找米，没想到竟是被日本人抓去了。这件事给了童年的她强烈的冲击，令她至今难忘。

形势变得越来越严峻。有一天晚上，樊锦诗

姐妹和外婆所住的公寓楼外忽然传来日本兵的叫喊声、汽车的鸣笛声,接着楼道就被吵闹声包围了。透过门缝,樊锦诗看见背着枪的日本兵押着一群高鼻子的外国人往外走,心里害怕极了。当时她不懂是为什么,过了许多年,她长大成人后才明白,很可能是"珍珠港事件"爆发之后,美国向日本宣战,所以日本兵突然来抓捕住在这栋公寓楼里的美国人。

一九四五年八月抗战胜利,日本无条件投降。九月二日上午九时十分,在日本东京湾内美国战舰"密苏里号"上,日本代表签字,向同盟国投降。"旧耻已湔(jiǎn)雪,中国应新生",整个上海处在兴奋与狂喜之中,举行了各种庆祝活动。这时,樊锦诗已经七岁了。

那时候,大人们会给孩子们讲岳飞、文天祥、戚继光等古代著名将领的故事,当时的书本、积木上也都印着这些英雄人物,这样的教育在樊锦诗幼小的心灵里深深埋下了爱国的种子,对她影响深远。

在整个童年时代,樊锦诗和当时的所有人一

样，心中有一种强烈的信念："绝不当亡国奴！"

之后，她就读于上海新沪中学。父母对她的学习向来放心，唯一不放心的是她的身体。

樊锦诗从小体弱，在海宁路上小学三四年级的时候，就得了一场可怕的重病。那天，她像平常一样去上学，可在进教室之前，突然感到浑身发热，路也走不动了。但性格坚强的她没有回家，硬是扶着墙一点点地挨到了教室。

老师发现樊锦诗额头冒汗，难受得什么都说不出来，立刻让班里同学送她回家。她不愿耽误同学上课，到了楼梯口就让同学回去了。可同学一走，樊锦诗就连爬一级楼梯都感到万分吃力。好不容易上了三楼，到了家门口，腿几乎失去了知觉，她站不住了，只能倒在门上拼命地捶门。家人打开门，发现樊锦诗倒在地上直喘气，吓得赶紧把她扶进屋子休息。

一开始，家人以为她是营养不良，得了"软骨病"，其实她患上的是脊髓灰质炎，也就是俗话说的"小儿麻痹症"。病情来势凶猛，樊锦诗很快就从不能开口说话发展到神志不清。一位替祖父看病的医生用小锤子敲了敲她的腿,这才确诊是危急的传染病,必须尽快隔离,送医院治疗。

当时的医疗条件远不如今天,小孩子一旦感染上这种严重的病毒性传染病,轻则瘫痪,重则死亡,也根本没有对症的药。医生给了家人一个名单,上面都是得病后康复的孩子。他们虽然多少留下了一点儿后遗症,但体内也有了抗体,输血给樊锦诗,或许可以救她一命。可是,联系了很多人,最终愿意输血给她的,还是她的双胞胎姐姐——姐姐实际也感染了,只是抵抗力好,没有发病,体内也有了抗体。

这样,樊锦诗幸运地逃出了死神的手掌,而且病好了以后还能正常说话、走路,没有留下什么后遗症,这不能不说是一个奇迹。不过,自得病之后,她的腿脚就不是那么稳健利索了,年纪大了之后更是摇摇晃晃的。

可就是这样两条瘦弱的腿,从上海一路走到了北京,又从北京走到了遥远的敦煌。

敦煌的瑰宝需要一代又一代的守护者,而这

个体弱多病的江南囡囡竟会走出海上繁华,长大成人,又穿过荒漠戈壁的风沙,走过了几十年普通人难以想象的艰难坎坷之路。

# 北大，北大

"教育者，非为已往，非为现在，而专为将来。"

北京大学原校长蔡元培先生曾经说过的这句话，阐明了现代教育对于国家和民族的意义，也值得今天的每一个学人深思。

默默研究学术，不为追名逐利而活，从走进北京大学的那一刻起，樊锦诗一生的基调已经确定。而她后来为敦煌所做的一切，恰恰印证了蔡元培先生的话。

"大学生当以研究学术为天职，不当以大学为升官发财之阶梯。"正是具有这样的优良传统的一所大学，深深吸引了高中毕业的樊锦诗。

"我在高中时代,就非常憧憬北大。平时父母对我的学习不多过问,高中毕业我没征求父母意见,就独自填报高考志愿,思忖再三,大胆在志愿表上填写了北京大学。当时是先填志愿,然后高考。"

北大是她的心之所向,这是无须犹豫的。可报考哪个专业,她却是好一番思量。

当时,父母对樊锦诗管得并不严苛,她还是有时间阅读闲书的。《西游记》《水浒传》《三侠五义》,只要是身边有的书,她都津津有味地读了。一套侦探小说《福尔摩斯探案》,尤其令她爱不释手。那个时代的学生都爱读苏联小说,比如《钢铁是怎样炼成的》和《静静的顿河》。樊锦诗不仅读了这些大家都看的书,还读了《牛虻》《基督山伯爵》《茶花女》《悲惨世界》和《包法利夫人》,甚至十九世纪的批判现实主义小说。古典的、现代的,中国的、西方的,不拘一格……看起来是读闲书,乱翻书,实际上这丰富的阅读打开了她的视野,让她足不出户就看见了广阔的大千世界。

在这样的阅读之中，樊锦诗慢慢找到了方向。她最崇拜的人就是居里夫人，觉得居里夫人是个了不起的科学家，以至于一心想要学习化学。她发现化学很奇妙，不同试管里的溶液倒在一块儿，竟能变出新的东西，就像魔术一样。华东化工学院①也差一点成为她考取的学校。

医生救死扶伤，是一份神圣的职业，也曾是樊锦诗最初的理想。她儿时多病多灾，多亏医生看好了自己的病，这才有了光明的未来。她本想填报这个志愿，但有一个声音打消了她的念头："就你这个身体还想学医？恐怕不行，到底谁给谁看病？"的确，医生的工作非常需要体力，自己的身体状况不好，将来万一耽误了病人的治疗怎么办？她虽然舍不得，也只得放弃这个念头。

正在踌躇之时，老师建议樊锦诗去报考师范专业，可是她却不是很有兴趣。在她的想象中，老师在讲台上是要不停说话的，自己这么一个不爱说话的人，真的适合成为老师吗？

---

① 1993年更名为华东理工大学。——编者注

想来想去,樊锦诗想到了历史专业。自己一向喜欢看书,也因此爱上了历史,而且,大家都认为学习历史不需要体力,填报历史专业应该会是一个最好的选择。于是,她郑重地填报了三个志愿,第一志愿是北京大学历史系,第二志愿还是北大。虽然她不想当老师,但还是尊重老师的建议,第三志愿填了华东师范大学。

只是她万万没想到,自己以后会在历史系里,选择考古。

直到高考都结束了,父亲问起樊锦诗的学习,她说:"我已高中毕业了。"

"你都高中毕业啦?"父亲惊讶地问道。

"我已考大学了。"樊锦诗骄傲地答道。

"你考哪所大学?"

"填报了北京大学,但还没发榜,不知道能不能考上。"樊锦诗答得很实在。

父亲听说女儿报考了北大,十分高兴。

"孩子,你等一下。"说完,父亲就打开箱子找了半天,然后小心翼翼地取出了一份东西,递到樊锦诗手上。

"这是什么？"樊锦诗好奇地问道。

"北京大学的聘书。"

父亲告诉樊锦诗，自己从清华大学毕业后，曾经在北京大学当过两年讲师。樊锦诗还是第一次听父亲说起这段过去的经历，对父亲曾经任教的地方更加向往了。

"北大是一所特别好的大学，有不少著名的教授，你考北大，会感到与中学完全不同，是另一个天地，眼界会很开阔。"

不久之后，樊锦诗真的接到了北京大学的录取通知。这是一种幸运，但更是她一直以来刻苦学习的结果。一九五八年，她如愿跨入了北大校门，成了历史系的学生。

而她的两个姐姐和两个弟弟都没能上大学。大姐读了师范专科，喜欢画画和书法的二姐初中毕业后参加了工作。热爱工程和钻研的大弟弟后来接了父亲的班，在父亲原来的单位工作，不久就子承父业，成了一名工程师。

入学不久就分专业，应该报什么专业呢？

这决定命运的一步棋，樊锦诗没有犹豫很久。

在上海读中学时，她就喜欢到博物馆看文物展览，知道许多精美的文物都是经过考古发掘出土的。对于考古，她充满了遐想，认为考古一定是件很有意思的事。其实当时的樊锦诗，对考古工作究竟是要干什么没有头绪，对于未来的艰难险阻更是一无所知。

她不假思索就报了考古专业。

只是为了兴趣，就像她的前辈——在一九三六年连续发现三具"北京人"头骨的贾兰坡先生，当被问及最喜欢做的事情，他说是"钻洞，很神秘，很好玩"。

"它已经睡了，我们还要把它唤起来。"九十多岁的贾兰坡先生谈到"北京人"头骨的时候，用的依然是这样一种充满了梦想的口吻。

樊锦诗也是这样，凭着年轻人的热血与勇气走进了考古，也渐渐走进了敦煌的梦里。

# 我的命就在敦煌

与一般历史系学生在课堂里听讲不同,田野考古实习和专题考古实习是考古专业的学生必不可少的功课。关于那时的学习,樊锦诗回忆道:"考古的研究对象是古代留存的各种遗迹和遗物,必须采用科学的田野调查、发掘方法,并对发掘揭示的遗址和遗物进行记录、整理和研究。没有野外考古的实践和锻炼,就谈不上学会了考古。"

学了考古,就注定了要风里来,雨里去,和泥沙尘土打交道。这和运用历史文献进行研究,差别可不是一星半点。

北京大学五八级的学生分专业早,参加田野考古的机会就比较多。一九五九年,他们参加了陕西省华县发掘工地的"认识实习";一九六〇年,参加了怀柔抢救性发掘;一九六一年,参加了昌平的雪山发掘,不仅发掘了雪山文化遗址,还发现了西周燕国墓葬、汉代墓葬和辽代居住遗址。

大学一至三年级,樊锦诗参加过三次野外考古实习。在考古工地上,从测量、开方、挖土、敛平地面、分辨土色、划分地层,到用小铲清理发掘、刷陶片、拼合、简单地修补、整理、绘图、拍照、文字记录,她和同学们每一步都虚心学习,在老师们手把手的指导下认真操作。这些师长不仅拥有丰富的考古学知识,在课堂上能够旁征博引,侃侃而谈,而且都是经过长期野外考古实践磨砺的实干家。樊锦诗在他们耐心而严格的指导下,学到了野外考古的方法和技能。

一九五八年是北大正式成立考古专业的第一年,在此之前,历史系的考古专门化已经有超过六年的积淀。给樊锦诗和同学们授课的师长,都是我国历史、考古学界有影响的学者,他们无不怀有深深的家国情怀,拥有深厚的学术功底、独到的学术成就,如周一良、张政烺、田余庆、商鸿逵、张广达、苏秉琦、宿白等先生。尤其讲授中国考古学课程的各位师长,如教授旧石器考古的吕遵谔先生,新石器考古的严文明、李仰松先生,商周考古的邹衡先生,战国秦汉考古的苏秉琦、俞伟超先生,三国魏晋南北朝隋唐宋元考古的宿白先生;中国考古学史的阎文儒先生等,都是为新中国考古工作的开启和考古学科的建设做出过重大贡献的开拓者和建设者。

一九五八年的北大正在进行教学改革,学术氛围浓厚,考古专业的师生们一直保持着爱国、进步、民主、科学的传统和勤奋、严谨、求实、创新的学风。

二十世纪五十年代,上海街头已经很少有人衣服打着补丁了,但北大校园里不少学生的衣服上还打着补丁。图书馆总是挤满了前来读书的学生,来晚一点儿根本没有座位,以至于到了开门前大排长龙,一开门就蜂拥而入的程度。由于想读书的学生太多,图书馆的座位有限,最后图书馆只得给各系各班分配了座位号码,拿不到号的同学只能站着读书。即使如此，同学们也舍不得离开，当时的学习氛围就是如此浓厚！

那时候物质还不是很丰富，每个人的粮食也是定量的。食堂的甲菜是一角，乙菜是八分，都是荤菜；丙菜六分，丁菜四分，没有肉，全是素的。有的同学为了留下钱买书看，连食堂的菜也不打，只拿个大茶缸打饭，就着家里带来的咸菜就是一顿。刚到北方的樊锦诗吃不惯面食，却一点儿也不娇气，尽力去适应。一个南方人，后来大半辈子生活在以面食为主的大西北，身上若没有超乎常人的坚韧，是很难坚持下来的。

生活条件虽然艰苦，可同学们不觉得苦，这种乐观、积极、一心向学的热情感染着所有人。师长们倾其所能地教学，同学们勤奋刻苦，樊锦诗作为其中的一员，和大家一起将杂念抛到脑后，投入考古专业的学习之中。

北大以文理交融、兼容并包的学术风气而著名。那时的历史系大家云集，其他系科也是群星灿烂，学生可以同时接触不同治学风格的老师，形成一种开阔的世界视野。

学习之余，北大学生们聆听演讲，学习创作，欣赏艺术。有一次，樊锦诗和几个同学一起到王府井北京人民艺术剧院看《雷雨》，那时候可没有地铁这么方便，需要坐332路公交车到动物园站，再坐103路电车到北京人艺。从剧院出来时，他们错过了最后一班车。但大家没有生气、抱怨，只是三五成群地唱着歌，从王府井走了很久很久，一路走回了北大，到学校时已是凌晨四点。那个为了艺术而彻夜不寐的夜晚，那一张张朝气蓬勃的年轻面庞，都深深印在樊锦诗的脑海里。她想，这样单纯而热烈的精神，恐怕只能出现在那个年代吧。

那时的敦煌，对于樊锦诗来说，还是地图上的一个名字、书本里一篇篇的文物资料、丝路上一幅幅遥远的画卷。然而，她在北大的所学所思，已如一股涓涓细流，与她的命运一起汇入了莫高窟的未来。之后在敦煌的日子里，这种不畏艰难、以学问为重的精神，成了艰苦生活之中明亮的灯塔。

樊锦诗曾说："我给自己'算'了次'命'，我的'命'就在敦煌。"

# 花点点手绢

樊锦诗笑着说:"别的女同志一天把自己收拾得干干净净、整整齐齐的,这是最起码的,也有人打扮得很时尚。但我这个人从小就不太注意这个,生活中马马虎虎,有时候丢个扣子,扣子系错,袜子反着穿,这都有,大家会觉得'这个家伙很邋遢',是不是?有时候确实也顾不上来。再加上我们这个环境,我们这里现在有一些刚来的年轻人,时间一长,他们好像都不太注意打扮了。"

敦煌的生活是那么简单,都市的一切装扮在大漠的风沙中都失去了意义。更何况,樊锦诗从学生时代起就是个朴素的女孩,对于外表,她从来就不太在乎，可对于真挚的心灵，她不会无动于衷。就在北京大学，樊锦诗遇见了同样朴素却与她一生相知相守的爱人。

身材娇小的樊锦诗从上海走进北大校园，这时的她尚未经过敦煌风沙的磨砺，还充满了孩子气，入学不久就闹了几次笑话。洗的衣服忘了收回来，几天之后再去找就找不到了；过了不久，竟连被子也忘了收。半年下来，生活用品不是少了这个，就是缺了那个。这一点儿也不奇怪——樊锦诗在上海的家里有保姆，从小在生活上被照顾得无微不至，第一次远离故乡，她当然就"笨手笨脚"起来。

"再丢就该把你自己给丢了吧？"父亲担心她不适应，给她写来充满关心的家信。樊锦诗是个要强的女孩，于是她开始学习钉扣子、补衣服，照顾自己。北上求学的这五年里，她虽然依旧不在乎穿着打扮，但渐渐独立自主，变得成熟起来。

大学时代的樊锦诗就像校园里的树木一样安静，但对于每件事都有自己的见解。在学校里，

花点点手绢

她最喜欢的地方就是图书馆,除了上课,就是与书籍为伴。樊锦诗认真读书的身影给同学们留下了深刻的印象,也印在了一个人的心里。

不知从什么时候开始,一位名叫彭金章的男同学总是会比她早到,并且在身边给她留一个座位。

"谢谢。"樊锦诗放下书,笑了笑,大方地坐了下来。

"没什么。"彭金章也没有更多的话,就继续读自己的书了。他是考古专业的生活委员,生长在河北农村,为人淳朴实在。

那个年代,人与人之间的感情单纯而深沉,没有夸张的语言动作,也很少有实际的物质考量。图书馆静悄悄的,两个年轻人坐在一起,为了共同的志向而读书,一段真挚的感情就从这默默无言的关心中萌芽。一开始,甚至连当事人也未必意识到这就是爱情。

樊锦诗有一个习惯,她喜欢在手腕上系一块手绢。彭金章看在眼里,就特意选了一块这样的手绢,悄悄地送给她。

这块手绢上，绣着各种各样不同颜色的小圆点。他忐忑不安地想，樊锦诗收下了，她应该会喜欢的吧？

但这个实心眼的男生当时并不知道，樊锦诗收下这块手绢，是对于这份心意的认可。其实，她并不喜欢手绢上红的、绿的、黄的小圆点，那不符合她一直以来朴素的审美观。然而，她什么都没说就收下了——面对同班同学的真心诚意，挑三拣四更不符合她一直以来不拘小节的性格。

彭金章见樊锦诗没有拒绝这份好意，感到这份感情是有希望的，于是又把他认为最好吃的家乡吃食带给她品尝。

江南姑娘的口味清淡而细致，与北方人有着天壤之别。彭金章觉得好吃的东西，对樊锦诗来说根本不是那么回事。但就像接受那绣满小圆点的手绢一样，她还是什么都没说，一副很开心的样子，把那些不合口味的北方食物吃完了。

樊锦诗没有嫌弃彭金章赠送的手绢款式不好，也没说他带来的北方吃食味道不佳，对于外在的东西，她向来就不太在意，透过这些表面的不合适，她看见的是一颗热情、淳朴的心。这样的一颗心，就像金子一样宝贵。只是当时的樊锦诗还不知道，这样的一颗心，未来不仅与她相知相守，还与她一起成了敦煌的守护者。

# 树下弹筝

从年轻的时候起,彭金章就被同学、同事习惯性地称作"老彭";樊锦诗呢,则始终被人唤作"小樊",直到她年纪大了,人家才不这么叫了。"老彭"总是笑呵呵的,充满了亲和力,跟大家都能打成一片。他对身边的人有一种出自本能的关怀和照顾,既细心,又有耐心,比起同龄人,他仿佛长了几岁,这恰好与单纯直爽、不拘小节的"小樊"两相互补。

从在图书馆一起读书起,"小樊"对"老彭"的第一印象就定下了——可信。自此之后,两个人走过了学生时代,又共同度过了悠悠岁月,这印象却始终没有改变过。大学期间,不是没有别的同学追求她，但樊锦诗从没考虑过"老彭"以外的其他人。"一眼定终生"，她对"老彭"是这样，对敦煌也是这样。

尽管出身于条件优越的知识分子家庭，但樊锦诗从不以大小姐自居，她的身上只有家庭给予的良好教养，却没有一丝挑剔和娇气。在她看来，华而不实的人、事、物只是过眼云烟，美好的心灵却是永恒的。

樊锦诗曾多次在演讲中提到，莫高窟第85窟南壁有一幅《树下弹筝图》的晚唐壁画。壁画中的男子叫善友，是古印度波罗奈国的太子。善友与弟弟恶友下海寻宝，却不料被心术不正的弟弟恶友刺瞎双眼，夺走宝珠。善友流落利师跋国，为国王看守果园。

善友太子弹得一手好筝，经书上说："善友善巧弹筝，其音和雅，悦可众心。"他每天一边看管果园，一边在树下弹筝自娱，排遣情绪。或许是天遂人愿，因缘际会，一日，利师跋国公主来到果园，听到了善友那优美的琴声，她被琴音吸引，来到善友太子面前，看到了这位正在弹筝的盲人。

善友手指间流淌出来的音乐,令聪慧的公主为之动容。这是怎样的声音呢?她停住了脚步,心灵感到一阵难以控制的震颤。此刻,只有她真正听懂了眼前这位盲人的情怀。公主并不知道,眼前这个男子就是父母之前为她挑选的未来夫婿,但她知道这位盲人绝非等闲之辈,也明白他对自己今后人生的意义。

公主毫不犹豫,向善友表达了心意,两人因琴声而结缘。尽管国王坚决反对,但公主仍执意与善友结婚。婚后,善友才告诉公主自己的太子身份。后来,善友的眼睛复明,他带着公主返回波罗奈国并索回宝珠。最终,他将宝珠换为吃穿物品,救济苍生。公主得到了她想要的爱情,收获了幸福。

高山流水,知音难觅,战国时期,俞伯牙鼓琴,也只有钟子期听得明白。敦煌这幅壁画的画家选取了"树下弹筝"这一特定情节,为我们展示了一段美好的爱情故事。

敦煌壁画故事跌宕起伏,守护者的爱情却是

恬淡自然。不过有一点是相同的：人们固然会被外在的东西所打动，但真正的爱情最终还是爱一个人的内心，并在精神上志同道合。"知我者，谓我心忧，不知我者，谓我何求"，人生一世得一知己，这样才不会有遗憾。

# 西行护宝

一九六二年下半年,樊锦诗在北大考古专业大五的时候,突然接到了学校的一项安排——毕业前最后一次专题考古实习。她自小就对文化艺术感兴趣,当时又恰好刚读完《人民文学》连续两期登载的报告文学《祁连山下》,文中主人公原型常书鸿先生,只因在塞纳河畔对《敦煌图录》的一瞥,竟离开了繁华之都巴黎,投身于大漠边陲,一辈子呕心沥血地研究守护莫高窟。三危山的金光,劫后余生的千佛洞,无数的经卷、壁画和雕塑……这个未曾到过西北大漠的江南姑娘,不禁开始在脑海中勾勒敦煌的模样,莫高窟的一切都令她悠然神往。

一个人该有怎样的幸运，才能前往那丝绸之路上的明珠之城，一睹人类文化艺术的宝库啊！如今，机会终于来了，专题考古实习分小组时，樊锦诗毫不犹豫地选择了去敦煌莫高窟组实习。

她在文章中回忆道："宿白先生是这个实习组的指导教师。宿先生教授中国历史考古学中的三国魏晋南北朝隋唐宋元考古，涉及广泛而复杂的古代社会文化，他擅长将考古和历史文献结合，对三国至元代千年广阔的考古遗迹进行深入的调查研究。与我实习有关的中国历史考古学中的一个分支——中国石窟寺考古学，是由宿先生所建立的。他调查研究了全国各地的石窟寺，首次以科学的考古学方法调查、记录和研究中国石窟寺遗迹，打破了过去仅限于从美术史角度研究石窟寺的状况。"

严师出高徒，每次樊锦诗向宿先生汇报学习情况，他都会提出问题。

写毕业论文时，宿先生询问樊锦诗的进展情况，她说："已经开始写前言。"

宿先生问了一句："你写文章是先写前言啊？"

当时樊锦诗没听懂宿先生在说什么。直到论文写完，发现前言与文本内容不相吻合，才明白原来宿先生是在指出她的问题。这是一种既严格又委婉的指导，只有负责任和爱护学生的师长才会如此。

从北大毕业之后，樊锦诗还多次去向宿先生请教，他从来都是耐心地指出问题，提出建议，这令樊锦诗获益匪浅，也奠定了后来樊锦诗在敦煌研究学术，对待每一位守护者的基调。

实习时，樊锦诗与马世长等四人在宿先生的指导下，按照考古学的方法，对莫高窟的几个典型洞窟进行了一次实测、记录。特别幸运的是，他们在敦煌文物研究所还听到了宿先生讲授的"敦煌七讲"，这是宿先生建立中国石窟寺考古学体系的首次讲授，同时也为敦煌石窟的考古研究奠定了理论和方法基础。

由此，樊锦诗见识到了敦煌的美，与此同时，却也不得不领受敦煌的苦。洞窟里是不食人间烟火的神仙世界，洞窟外却要面对衣食住行所有的困难。

爬上蜈蚣梯的她，不是没想过要下来。

# 老鼠、驴车和热血的抉择

五十多年前,敦煌还是个黄沙漫漫、尘土飞扬的小城。没有电灯,没有自来水,没有水冲厕所,这和她在上海的家、北京的学校差距太大了。

"房子天花板是纸糊的,会时不时咚地掉下一只老鼠,真是吓坏我了,我见不得老鼠这样的东西。"樊锦诗想起那一幕还是心有余悸,她这么说的时候,一瞬间又变成了当年那个初来乍到的江南女孩。

不仅如此,敦煌的伙食和大城市更是天差地别,一天只能吃两餐,食物是白面条,配菜是一碟盐、一碟醋。没有商店,听不到收音机,看的报纸都是十天前的。一九五九年到一九六一年的三年困难时期，全国上下粮食和副食品短缺，甘肃更是重灾区。最困难的时候，当地人只能打草籽充饥。实习时，情况有所改善，樊锦诗最渴望吃的就是水果，可是只有等到水果成熟之后，同学们一共才能分到一脸盆，再分到每个人手上，就更是少得可怜。一小份水果一眨眼就吃光了，可她觉得，那真是这辈子吃的最甜的水果了！后来物质丰富了，水果也有了，但都不能和那时的相比。

爬蜈蚣梯进洞做研究，每个人都是灰头土脸的。可是敦煌的水那么宝贵，整个实习期间，樊锦诗的头发几乎就没洗过，就算是再不在乎形象的人，对于这一点也是难以忍受的。

对于常书鸿先生，樊锦诗初见后心中也颇为失望："若不是架了副眼镜，不说话的样子跟老农民也差不多。"

这些前辈已经在这种条件下工作生活了十年、二十年，甚至都不像是自己心目中学者的斯文模样了，她不由得在内心深处惊呼：这个研究所条件太差了。如果是我，这鬼地方一天也待不下去。

事实也是如此，在这样恶劣的条件下，水土不服的樊锦诗终于还是病倒了。在莫高窟，要是生病了，需要驴车拉着担架送去县城医院才能治疗。就这样，实习不到三个月的樊锦诗回到了北京。

艰苦的实习结束了，每个同学离开敦煌的时候心里想的都是：实习结束了，不要再回去了吧。

一九六三年，樊锦诗从北京大学历史系毕业了。

她的恋人彭金章毕业后被分到武汉大学，而她本人却面临着两难的选择。

樊锦诗没有想到，毕业分配会把自己分去敦煌。那一届考古专业的学生特别多，有三十多个。第一次去就水土不服，实习没有结束就回校了，怎么学校又会定下让自己去呢？毕业分配时听到自己和马世长的名字，樊锦诗有点蒙了。马世长是家里唯一的男孩，他的母亲听到儿子被分配去敦煌后，号啕大哭，后来在火车站送别时又哭成了泪人。

原来，为了敦煌的分配，整个分配方案的宣布都推迟了。学校知道樊锦诗体质不好，也知道她有男朋友，但还是希望她能去敦煌。因为实习中她踏实、出色的表现，给当时的敦煌文物研究所留下了良好的印象，所长常书鸿点名希望樊锦诗去敦煌工作，于是研究所特意写信来要人了！

学校提出，让樊锦诗和马世长先去，过三四年再用毕业生把他们替换出来，这样既能解决敦煌考古人才紧缺的燃眉之急，也不耽误他们未来的工作与生活。

其实，无论是从哪方面考虑，留校对樊锦诗来说都是合情合理的。而敦煌的洞窟、艰苦的生活，看起来似乎离她十分遥远。

樊锦诗的父亲心疼女儿，亲自写了一封长信，让樊锦诗转交给学校的领导。依然是看惯了的工整小楷字，信里谈了不少实际困难，特别是担忧"小女自小体弱多病"，而这也都是事实。

可是鬼使神差地，她也不知道哪儿来的勇气，把这封信截下了，因为她毕业前已经向学校表态，会服从毕业分配，到国家最需要的地方去，父亲的信如果交上去就等于说话不算话。

樊锦诗再次背起行囊，义无反顾地向西而行，前往敦煌。她下定决心，这次去敦煌，绝不能半途而废。

这个热血激荡的举动，不禁令人想起敦煌榆林窟第3窟的西壁，有一幅叫作《普贤变》的壁画。

壁画之中，普贤菩萨乘着大象，舒展右腿，半跏趺坐在莲座上，冠带、披帛、璎珞随风飘扬。他手拿经书，俯瞰苍生，面孔上流露出慈悲的表情。他在菩萨、天王、罗汉和天人众星拱月般的环绕下，乘云浮游于大海之上。

画面的左侧有一个我们所熟悉的情景——白马、猴子、僧人。僧人双手合十，弯腰作揖，头顶着一圈柔和的佛光，白马背上驮着莲花座和佛经。他身后的猴子仰着脑袋，脸上是骄傲而顽皮的表情，一副野性未泯的模样。这不分明就是《西游记》吗？由此或许可以推测，这是玄奘取经成佛归来的场景。

早在唐宋时期，就有民间艺人在宣讲、演绎唐僧取经的故事。明代吴承恩更是在有关传说、平话、杂剧的基础上，创作出一百回的章回体小说《西游记》，突出讲述了玄奘及其弟子孙悟空、猪八戒、沙和尚和白龙马一路降妖伏魔的神话故事。值得一提的是，敦煌壁画有六处与玄奘取经相关的场景，以这一幅最为清晰，而且比吴承恩的《西游记》早了三百多年。

敦煌石窟历经千年岁月，遭受了战争、动乱、盗贼的破坏，如今陷入荒寂，宛如废墟。樊锦诗心中明白，拯救这处历史、文化艺术的宝藏，刻不容缓；她亦知道，在荒无人烟的大漠深处，生活艰苦的研究所里，还有像常书鸿、段文杰这样的艺术家们，为了拯救敦煌莫高窟，宁愿在这里扎根，活得像个农民。这些事，注定是要有人去做的，此时不做，更待何时？

就像这幅《普贤变》一样，樊锦诗为了心中最初的梦想，毅然踏上了西游的征途。"我们那代人想法很单纯，国家需要我们到哪里去，就到哪里去。不过我没想到一去就是一辈子。"

临行前,樊锦诗与彭金章相约,自己在敦煌"玩"三年,把壁画、彩塑看个遍,就奔向武汉,两人成家。

学校的承诺也让她怀有希望:等过几年再有毕业生,她就可以调回来与"老彭"团聚。

然而,人的命运并不会按照既定的轨道前行……

# 一杯沉甸甸的咖啡

敦煌研究院的角落里,静静地矗立着一座石雕。

你走过的时候,也许未必会注意到它。可是,它就在那里,一年又一年地接受着岁月的洗礼。

那是一个留着齐耳短发的女孩,扬起圆圆的脸庞看向远方,一副意气风发的神态。女孩背着书包,左手拿着一顶大草帽,身体微微前倾,就像敦煌的飞天一样,明明是静止不动的,看起来却充满了动感。这个女孩仿佛刚刚走出校门,即将踏上人生的旅程。路就在脚下,她正要出发,哪怕前途漫漫,哪怕艰难困苦,她似乎都不放在心上。

这座石雕的名字叫作《青春》。

"青春如初春,如朝日,如百卉之萌动,如利刃之新发于硎,人生最宝贵之时期也。青年之于社会,犹新鲜活泼细胞之在身。"正如陈独秀所言,人的一生只有一次青春,而樊锦诗最美好的青春年华,就定格在沙漠的边缘,定格在敦煌的一个个石窟里。

有多少人知道,她就是敦煌研究院里,那座《青春》雕塑的原型呢?

毕业离校前,苏秉琦先生专门把樊锦诗叫到北大朗润园的住处。

樊锦诗从来没有机会向苏先生请教,此次苏先生唤她前去,她感到幸运至极。进门后,苏先生请樊锦诗坐下,亲自为她冲了一杯咖啡。

苏先生是北大历史系考古教研室主任,是与夏鼐先生齐名的考古学界泰斗。他提出了一系列中国文明和国家起源的理论、考古事业建设和考古学学科建设的思想和建议,为中国考古学做出了杰出的贡献。国家的重大科研项目——中国文明探源工程,其基础离不开苏秉琦先生的学术思

一杯沉甸甸的咖啡

想和理论。

他站着轻轻拍着樊锦诗的肩膀，慈祥地对她说："你去敦煌，要知道，你要编写考古报告，编写考古报告是考古的重要事情。比如你研究汉代历史，人家会问，你看过《史记》没有，看过《汉书》没有，不会问你看没看过某某的文章，考古报告就像二十四史一样，很重要，必须得好好搞。"

时隔多年，苏先生如父亲般的和蔼可亲而语重心长的教诲，对樊锦诗来说，至今依然清晰在耳，樊锦诗觉得肩上沉甸甸的。

"我答应我会服从分配，现在敦煌很需要我，那我就毅然决然地去。"就这样，她和同学们带着北大师长传授的知识和谆谆的教诲，带着北大的精神和毕业生的使命远赴敦煌。

去敦煌前，樊锦诗回了一次上海，在家里度过了大学时代的最后一个暑假。那时父亲已经知道了女儿的决定，也知道女儿的要强与执着，没有再对此多说什么。可是，当樊锦诗即将动身的时候，他却说了一句："既然是自己的选择，那就好好干。"樊锦诗的眼泪掉了下来，她明白父亲心里的不舍。

以后每次回家探亲，家人都会给她买点那时只有上海才能买到的饼干和奶糖。他们什么也不敢问，不忍心问；樊锦诗也什么都不敢说，不忍心说。

在大漠戈壁扎根，不仅需要非凡的勇气，还需要日复一日的坚守。刚到敦煌文物研究所的樊锦诗，一时间依然无法适应。石窟里是沙子，鞋里是沙子，连头发里也钻满沙子，沙尘暴一起就更可怕，黑乎乎的风沙铺天盖地压过来，直往屋子里钻，仿佛真的有《西游记》里的妖怪袭来，要吞噬这座人类建筑的小城。喝咸水、点油灯、住土屋、睡土炕的生活不再会随着实习期的结束而结束，现在变成了一种常态，如何洗澡则成了所有人避而不谈的秘密。

可是，青春不惧来了又去的风沙，樊锦诗和同事们依然在这片荒凉的土地上，镌刻下一行行以热血写就的诗句。

樊锦诗来到所里的第一项工作，就是和其他

几位同事撰写敦煌第一部考古调查报告。她决心在敦煌好好干,用一己所学发掘,拍照,测量,将敦煌莫高窟的宝贝一一记录下来,再写出一卷一卷的报告。

也正在此时,雕塑家孙纪元寻思着给敦煌研究工作者雕刻一座石像,据说是要放到中华人民共和国驻法大使馆里。孙纪元将这座雕像取名为《青春》。那个时期研究所里的年轻人不多,能在所里熬下来的都是饱经沧桑的师傅们,唯有刚来的北大毕业生樊锦诗风华正茂,俨然就是敦煌研究者们的"青春代言人"。于是,孙纪元向樊锦诗借了几张毕业时拍摄的照片,以此为蓝本,不久之后就雕刻好了石像。

五十多年来,每次接受采访,记者都会问到这座雕像。樊锦诗总是特意澄清:"这座雕像不是我,只是以我的照片为蓝本而已。"但在大家心里,这座名为《青春》的石像就是樊锦诗。最终,《青春》并没有去驻法大使馆,而是留在了敦煌研究院的一角。二〇一五年,有一位来自樊锦诗老家上海的记者去敦煌采访,拍摄了一张她与《青春》的合影。五十年前的《青春》稚气未脱而勇气可嘉，五十年后的樊锦诗已经两鬓斑白，经过了时间和生活磨砺的她，依然笑得那么纯真。

敦煌莫高窟里有一个"金天因缘"的故事，出自《贤愚经》卷五《金天品》。此画仅此一幅，绘于第85窟北壁屏风画中。

故事讲的是舍卫国有一位富豪长者，他的夫人生下一男孩，孩子身体竟然是金色的。孩子出生时，发生了一件奇怪的事情——一口前所未见的水井突然出现在庭院里。从井里取水时，人的心里想什么，井里就会自然涌现出所想之物，锦衣玉食，应有尽有。长者一家欢天喜地，请来相师给孩子起名，相师为孩子起名为金天。与此同时，在阎波国一个巨富长者家中，诞生了一个女孩，身体也是金色的，容貌端庄秀丽。最奇怪的是，女孩的家中也出现了一口同样的水井。相师看过孩子后，为她起名为金明。

金天和金明渐渐长大成人，金天博学广记，一表人才；金明品格端正，优雅文静。长者们听闻对方孩子的情况，各派媒人相求为亲，都赞成这门婚事，金天和金明不久就结为夫妻。婚后，金天带妻子金明回到舍卫国，金天的父母为孩子们备下筵席，并诚恳邀请佛祖和众僧到家，供养他们一天。

佛祖答应了长者的邀请，用过斋饭后，为长者全家说法。金天和金明听完说法后，虔诚礼佛，出家修行学道。经过专心的修炼，金天成为比丘僧，金明成为比丘尼，不久，二人皆修成了罗汉果位。

阿难请教佛祖，金天夫妇曾经做了何种善业，才得此善报，佛祖说："从前，有一对生活贫困、艰难度日的夫妇无力供养僧众，唯有暗自落泪叹息。丈夫突然想起，自家的旧房子在很久以前曾藏过金银财宝，于是决定去那儿碰碰运气，经过仔细寻找，终于找到了一枚金币。夫妇俩把这枚金币和一瓶净水以及妻子仅有的一面镜子贡献了出来，种下了如此之果，得到了无穷无尽的福报，这对夫妇就是现在的金天和金明。"

这个故事讲的是有什么因，就有什么果。可

是,在现实中,樊锦诗所能奉献给敦煌的,只有自己的青春和学识。并且,她这么做并不是为了自身得到什么,而是为了守护敦煌璀璨的文化和艺术遗产,不让它们被风沙侵蚀,被人为破坏。

"从绘画到宗教、音乐、舞蹈、书法等,敦煌包含的东西太多了,它是那么绚烂和宝贵,我作为一个考古工作者,当然要为它做些什么,一切只是这样。"樊锦诗说。

# 心之所向

　　一年过去了,彭金章没见着樊锦诗的人影,于是乘坐绿皮火车,千里迢迢赶到大西北来看她。

　　可是,到了敦煌文物研究所,他一下子就傻眼了。远远走来的瘦小身影,他差一点没能认出来。

　　樊锦诗的口音倒是变得不多,可轻柔的语言里不时掉落沉重的沙砾,学生时代那个文静的江南姑娘已经今非昔比了。朝思暮想的恋人,被大漠的风吹散了城市的味道,几乎彻底变成了一个敦煌人。

　　"变土了,哪里像在北京读书时候的样子?"

为了掩饰对"小樊"的心疼,"老彭"故意拿她打趣,"小樊"却不以为意,只是着急拉着他一起去看自己工作的地方。恋人住处的简陋令彭金章感到既惊讶又难过,可当他看到敦煌洞窟的第一眼,他就理解了樊锦诗的选择。

"太令人震撼了!"彭金章再一次傻眼了。同样出自北大考古专业的他,不仅感受到壁画和雕像的美,而且比一般人更懂得这些洞窟的宝贵。假如无人在此守护,它们会变成什么样?

风化侵蚀,倒塌褪色,盗贼劫掠……实际上,第305窟隋代的飞天就已经变色了,它原来也许是白色或肉色,可是里头含铅,经历了漫长时间的淘洗,如今已经变成灰黑的深色了。还有第172窟盛唐的青绿山水画,蜿蜒曲折的水波,也变成黑色了。青绿山水是中国山水画的一种,唐代李思训和李昭道父子以擅长画青绿山水著称。敦煌保存了大量唐代的青绿山水画,这种唐代青绿山水画在一般博物馆里是找不到的。

"世界上就一个敦煌,如果没有了,很多中国古典的文化艺术就见不着了。""小樊"在"老彭"的耳边喃喃地说道。

彭金章深以为然,可是,当时他刚刚被分配到武汉大学,学校是不可能答应他离开的。在那个时代,他们俩既要服从组织安排,也要为了自己的人生志向而努力。于是,志趣相同、情深意笃的两人只好千里鸿雁传书,遥寄相思。

不仅如此,樊锦诗在所里的工作也面临着极大的干扰,但她的想法是那么单纯,就是埋头于敦煌的考古。

# 真正的"供养人"

在特殊的年代,敦煌文物研究所虽然也受到波及,但研究工作没有完全搁浅,而是在缓慢而艰难地进行着。

"文物一点儿没有被破坏,有几个原因。第一,中央注意到了这个,下来一个通知:文化遗产要保护。第二个原因,我们研究所里的人保护敦煌文物的心是一致的!"樊锦诗在接受媒体采访时谈及此事,整个人几乎站了起来。

的确,要在动荡的岁月里保护文物不被损坏,可不是一件容易的事。

"敦煌研究院从成立到现在,一直保护着文物。我们常年在这里工作,那不是'四旧',是珍贵的文物，世界级的文物啊！当时当然不那么说，但是大家心里清楚，这样好的文物不要保护吗？"

"全都是泥巴的啊，就像我这样的，你给我一个棒，一个棒一敲不就坏了？壁画不就毁了吗？"樊锦诗边说边挥动了一下双手，模拟了那个看起来很简单的破坏动作。

是的，莫高窟的文物本来就比其他地方的文物更加脆弱，无须什么雷管炸药，一根木棒就能令人类文明史上这最灿烂的遗产毁于一旦。假如当时当地有哪怕一个人生出破坏的异心，莫高窟都难逃劫数。

最终，莫高窟的文物在樊锦诗和敦煌全体工作人员的守护下，平安地度过了艰难的岁月。他们守住了文物，也就是守住了自己的心。

"所以这是一致的。"樊锦诗一再重复这个意思，她抬起右手，骄傲地竖起拇指。

敦煌石窟壁画里有一种类型，叫作"供养人"壁画。什么是供养人呢？顾名思义，就是信众出钱开洞窟，塑像，画画，来供养神佛。壁画中除了出资的本人，还有其家人，甚至包括衙门里头的属吏，最多的达到一百六十多个，不管嫁出去的女儿还是娶进来的媳妇全画进去。

供养是为了什么呢？主要是求福报。祈求佛保佑自己，保佑自己的后代。

壁画中供养人的形象分为世俗形象和比丘、比丘尼的宗教形象。世俗形象的服饰与宗教人物的服饰差别很明显，符合当时社会的着装特点。

比如，第130窟盛唐的《都督夫人礼佛图》，图中的夫人穿着长长的高腰石榴裙，非常漂亮。后面打扮得花枝招展的是她女儿，头上插着花、梳子、簪、钗，身上穿着绫罗绸缎。再后面是伺候她的丫鬟。这幅壁画实际上完全是唐代仕女图的写照。

一九五五年，这幅壁画脱落的地方已经很多了，再不复原临摹，随着时间推移还会进一步模糊退化。敦煌文物研究所第二任所长段文杰先生做了很多研究比对工作，从相似且保存完好的地方寻找证据，反复考证，再补全。客观临摹、旧色完整临摹、复原临摹，这是段先生通过无数实践探索和分析研究，总结出的三种临摹方法。他完成的《都督夫人礼佛图》的复原临本，是复原临摹的典范之作。而且因为历经沧桑，后来壁画原画已经完全看不清楚了，而这个临本忠于原作，也可以说抢救并保存了这幅唐代的大幅仕女图。

虽然现在敦煌已经在运用数字化技术复制壁画，但经过画家仔细观察、分析研究后临摹的壁画临本，以古典艺术遗产的学习和科学依据为基础，能够表现出壁画原作的精、气、神。尤其是旧色完整临摹和复原临摹方法，都是现代科技不能替代的。

现实中的樊锦诗和一代代的敦煌工作人员，难道不才是真正的供养人吗？他们不是以金钱供养，而是将一颗颗真心奉献给敦煌石窟。他们没有美丽的服饰，只是几十年如一日，以朴素的信念守护着属于祖国和全人类的宝贝。他们不为自己求福报，他们认为文物的平安无事就是自己最大的福报。他们不会像供养人那样被浓墨重彩地画在壁画里，却会被历史无声地铭记。

# 天各一方

敦煌文献《珠玉抄》中就有对中国传统节日"七夕节"的记录:"七月七日何谓?看牵牛织女,女人穿针乞巧。"

三年的约定,一转眼就到了期限。一九六七年,樊锦诗遵守约定,与彭金章结为夫妇。她面临一个艰难的选择:要么去武汉和丈夫团聚,要么留在敦煌文物研究所,家庭与工作总要有所取舍。可是,这时的樊锦诗已经深深地眷恋着莫高窟,无法离开敦煌了。自此,两人不得不天各一方,过着两地分居的生活。

樊锦诗和彭金章之间曾经有过拉锯式的"谈判"。当时彭金章在筹建武汉大学考古专业,有着一片自己的天地，满心期待樊锦诗回来协助。樊锦诗不是没有考虑过回去，可是她怎么都放不下莫高窟，反问道："你为什么不来敦煌？"

那个时候，樊锦诗已经走不了，也不能走了。人走了，文物谁来保护？

一九六八年元月，樊锦诗突然接到弟弟发来的电报，说父亲病故了。意外的打击如一记重锤从天而降，樊锦诗急忙向组织请假，买了火车票回到上海。父亲去世后，一家人生活没了着落。母亲病倒了，大弟弟因此失去了工作的机会，只能去挖地道。在上海音乐附中的小弟弟报考音乐学院、成为钢琴家的梦想也破碎了。

面对这人生中几乎无法渡过的难关，樊锦诗意识到自己除了冷静，只能冷静。她一滴眼泪也没掉，只把自己工作以来攒下的全部存款两百多元交给了弟弟，承诺以后每个月都会给家里汇款。因为只请了几天假，她必须尽快赶回敦煌。

在巨大的压力和悲痛之中，樊锦诗辗转于敦煌、上海、武汉三地，有再大的悲痛也是自己默默忍受。她不能当着亲人和同事的面哭泣，心情低落的时候，唯有一个人走向莫高窟九层楼的方向。戈壁一片苍茫，风吹响了九层楼的铃铎，远望三危山，仿佛只有她一个人立于天地之间。一个人的时候，她才能尽情地哭泣，哭过之后，她感到心中好受了不少。

无论是常书鸿先生还是段文杰先生，为了守护敦煌都付出了常人无法承受的巨大代价，同样的命运也落在樊锦诗的身上。这样坎坷的岁月，不是她一个人在承受。或许这就是一种宿命，莫高窟千年的历史，正是由无数个守护者一生的时光凝聚而成。

就在这多灾多难的一年里，偏偏她和老彭又有了孩子。

一九六八年底，他们的第一个孩子降生了，这是从天而降的喜悦，可是又令这对夫妇的日子难上加难。本来他们相隔两地，遥遥相望，手头又有做不完的工作，现在变成三个人，需要考虑的事情就更多了。

临产前三天，樊锦诗还挺着大肚子在地里摘棉花。当时的敦煌缺水少电，她原本和彭金章说好，孩子到武汉去生，条件好一点儿。彭金章的母亲从河北农村带着红枣、小米、鸡蛋到了武汉，樊锦诗的母亲、姐姐提前准备了很多婴儿用品，大家只等着樊锦诗回来。

可是，敦煌的工作怎么做都做不完，临到孩子出生，樊锦诗还是没能走开。路途遥遥，彭金章只好挑着行李倒了好几班火车，等他到达敦煌的时候，孩子已经出生一个星期了，连套像样的婴儿衣服都没有，只能光着屁股。

孩子还没满月，樊锦诗就去上班了。没办法，敦煌文物研究所的人手那么少，要做的事又那么多。敦煌的条件艰苦，甚至还不如农村里，有邻居可以帮忙带孩子。来到敦煌的每一个人，都是要工作的，这里的水和食物都是那么宝贵，与文物无关的人，哪怕是家属，也不可能在这里久住。

时隔多年，记者来采访时，樊锦诗回忆起那一幕依然揪心，深深地感到对不起大儿子。

"我找不到帮手，孩子只好锁在宿舍里，趁着从洞窟里回来的间隙喂点吃的。好几次跨进屋门，孩子已从床上掉了下来，鼻涕、眼泪、屎尿，弄得满身都是。衣服也扯开了，小手小脚被风吹得冰凉，嗓子也哭哑了。情急之下，我不得不用绳子把孩子拴在床上，一直拴了七个月。每次走近家门听不到孩子的哭声，我的心就会揪起来：'宝宝会不会被绳子勒着了？'"

她对第二个儿子也是一样的心情。

一九七三年，夫妇俩是那么高兴拥有了第二个孩子，可是，想到第一个孩子婴儿时期在敦煌遇到的问题，樊锦诗的工作强度又是有增无减，于是她和彭金章商量，把孩子托付给他远在河北农村的姐姐照顾。

时光荏苒，他们携手走过了那段不平静的岁月。

# 难陀与孙陀利

二儿子五岁的时候,樊锦诗记挂着他,去接他的时候,在门口遇见了一个皮肤黝黑的孩子,那孩子不认得她,只是在门后怯生生地看着她。她急着见二儿子,也没在意,就这么大步流星地进了门。

"你都不认识你儿子了吗?"彭金章的大姐笑了起来。

"什么?"樊锦诗这才反应过来——原来,门后的那个小孩,就是她的儿子。

她没有认出孩子,孩子也因为太久没有见到母亲,把她给忘了。

"叫妈妈呀,孩子,这是你妈妈,从敦煌来接

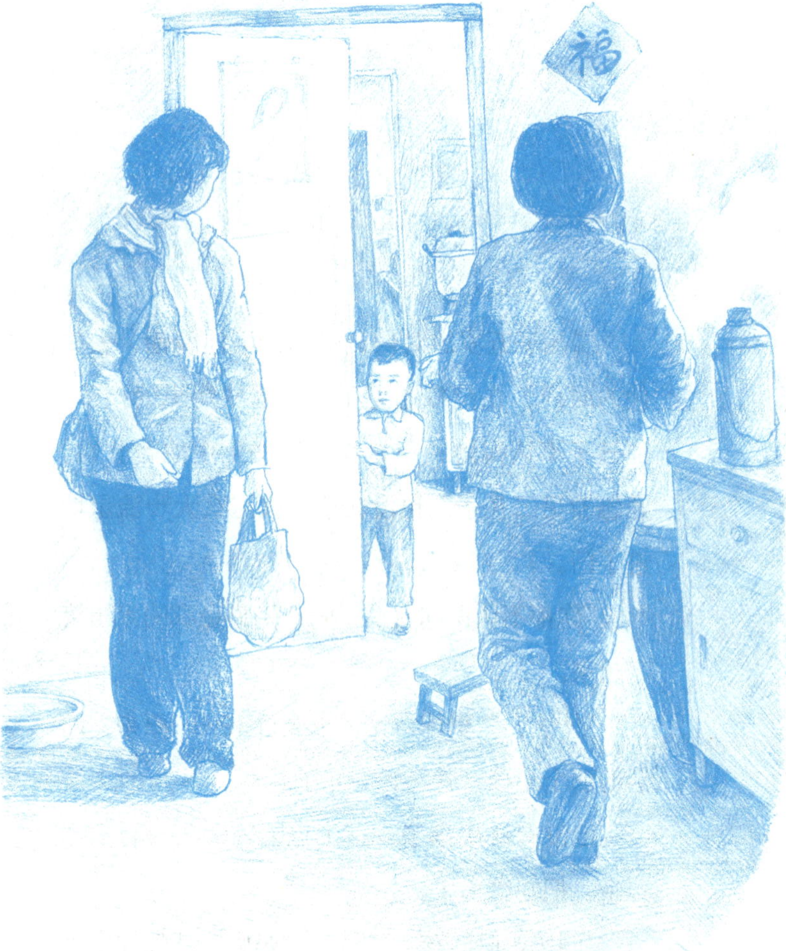
福

你了。"大姐摇着孩子的肩膀，再三引导，樊锦诗也向儿子伸出双手。

过了好一会儿，孩子才小声地叫道："妈妈——"但他不敢走得太近，眼睛也像森林里被惊动的小动物一样。

樊锦诗的眼泪涌了出来，怎么也止不住——她亏欠孩子太多了。可是，在风沙日复一日地侵蚀之下，在社会日新月异的变化之中，敦煌洞窟的文物每一天都有消失的可能，她无论如何也放不下敦煌。

"一家人常常分作三处或是四处，武汉、敦煌，孩子要么在上海，要么在老家，要么跟着父亲或者母亲。为了孩子，为了家庭，我必须离开敦煌和家人生活在一起。而对于敦煌，时间久了，越发觉得有意思，有许多课题需要我去做，难以割舍。"

樊锦诗就这样来来回回地在敦煌、家庭和孩子之间奔波、忙碌着，不断地与彭金章讨论着各种解决办法。时光荏苒，一转眼又是许多年过去了，她却始终没能离开敦煌。

每次探亲，孩子们都会充满期待地问："妈妈，你这回能待多久？什么时候能调回来呀？"

面对他们天真可爱的面孔，樊锦诗总是难以回答。

敦煌莫高窟第254窟北壁的《难陀出家因缘故事画》，以讲说难陀出家因缘为中心，在左右两侧下角对称描绘了难陀与妻子孙陀利难以割舍的分别之情。左侧画面，描绘难陀站在家门口，知道此去便是夫妻相别之日，他一手搭在妻子肩头，一手握着妻子的手臂，恋恋不舍，妻子再三叮咛："你出去不要耽搁太久，我额头上的妆没干之前就要回来啊！"言犹在耳，人却要分离。画面右侧则着力于刻画妻子孙陀利，她不忍面对这一切，转过脸去，强忍泪水，不愿让丈夫看到自己的痛苦。

经书中说人生有八种痛苦，其中的"爱别离"讲与自己心爱的人分离是一种莫大的痛苦。

樊锦诗和彭金章就像《难陀出家因缘故事画》里的难陀与孙陀利一样，不得不与心爱的人分离，其间的颠沛流离、悲欣交集是没有经历过的人无法想象的。这个家庭的所有成员都默默承受了许多，父亲、母亲和孩子所失去的，或许一生都无法再去弥补。

一切的失去，都是为了留住敦煌。

# 二十一年后的团聚

这是一场漫长的"持久战"。

武汉大学曾经三次到敦煌要人,敦煌"以礼相待",也三次到武汉大学要人。可是对于双方来说,樊锦诗与彭金章都是不可或缺的人才,而他们自己也放不下手头的工作,调动的事情就这么一拖再拖。

这十来年里,樊锦诗不是没有犹豫过——为了留在敦煌,家远在千里之外,丈夫见不到,孩子也没法照顾。但是待在莫高窟这个艺术宝库的时间越长,她越发现有很多事情还没做。她对石窟的感情越来越深,想离开又舍不得离开,内心很是纠结。

"有时候一想,为了家不如一走了之。毕竟南方的生活更舒适,孩子也可以受到更好的教育。但是这里的前辈们不希望我走,老人家们做出了榜样,我们段先生也罢,还有别的先生,他们当时说四川话劝我:'小樊,你别走,大城市有的是人才,我们这地方非常需要你。'大家的奉献精神感染了我,尤其是这个洞的魅力始终吸引着我,最后到底还是没走。"

当有记者询问樊锦诗觉得自己作为一个妻子是否称职的时候,她说:"都不太称职,我承认不称职。肯定是遗憾吧,总觉得对不起他们,这个心情会有的,但是现在慢慢随着孩子大了,也不会老想。我先生自己和他的家人,为孩子也付出了很多。这个地方没学校,孩子没有好的教育肯定不行,但是一直送给别人帮忙带也不是长久的。"

"如果爱人不支持,我早就离开了,我并没有伟大到为了敦煌不要家,不要孩子。如果当时他说你不来武汉我们就掰了,那我肯定跟着他去武汉,但是他没有这么说,我就变得越来越'放肆'了。"

彭金章也是考古专业出身,他深知敦煌石窟对于祖国和人类世界的价值,作为一个学者,他更没有所谓"男主外,女主内"的偏见,一直默默地支持着妻子的工作。

日月如梭,斗转星移,十多年就这么过去了。

一九七七年,樊锦诗开始担任敦煌文物研究所副所长。从担任这个职务开始,她面临着一个全新的挑战——原本是一个埋头考古的专业人员,现在不仅要懂考古,更要懂得管理。敦煌的担子更沉重地压在了她瘦弱的肩膀上。

改革开放之后,敦煌同样也面临着新的挑战。

为了敦煌,为了分担樊锦诗的压力,一九八六年,彭金章终于来到敦煌。这一次,他是彻彻底底留了下来。当时由甘肃省委、省政府出面,把已经在武汉大学工作了二十三年的彭金章调到敦煌研究院。

结婚二十年后,樊锦诗和彭金章、孩子终于在敦煌团聚了。而这一年,她也已经历经世事,从当初那个背着行囊、天真稚气的少女,变成了四十八岁的中年人。

其实,这件事还是彭金章下的决心。

他本来一直希望樊锦诗可以回到武汉,或者一起去其他的城市,就算是为了孩子的教育,也应该这么做。但是,他也看出来了,樊锦诗始终不松口,就算硬把她拖回城里,她的心也还是留在敦煌。所以,最终当条件允许的时候,他还是满足了妻子的心愿,从环绕东湖水、坐拥珞珈山的"中国最美丽的大学",调到了大漠边缘的小城敦煌,正式成了"敦煌的女婿"。

"我先生真是为了这个家付出了很多,不仅当时孩子是他带,后来还调到这儿来,不算大改行,也算小改行,他本来是搞商周考古,而且是搞教学的,到这儿来不搞教学,搞佛教考古了。"

一开始,樊锦诗对彭金章为了来敦煌而放弃武大的事业、改变自己已经做出成绩的考古方向,感到非常歉疚。

彭金章原来从事的是商周考古,从武汉调来敦煌后,只能拾起跟自己原来的考古方向完全没有关系的石窟考古。

与樊锦诗商量之后,彭金章开始主持莫高窟北区遗址的发掘工作。当时,打开的洞窟里积满了尘土,人一进洞,眼睛就被尘土眯住了,喉咙里也满是尘土。发掘完一个洞窟后,彭金章整个成了泥人。

"戴口罩也没用,一天换几个,几个都是黑的。眉毛眼睛上都是灰土,连咳出来的痰都是黑的。"

考古又的确是有趣的工作,文物出土时也充满了发现的惊喜。但这份工作并不像一般人想象中那么浪漫,总是和价值连城的宝物为伴。恰恰相反,日常的考古需要非同一般的耐心、细心和毅力,要忍受烈日曝晒、风吹雨淋。付出了大量精力,却在漫长的时间一无所获也是常有之事。

发掘北区遗址的八年里,彭金章几乎用筛子筛遍了北区洞窟里的每一寸沙土。凭借扎实的考古专业知识和不畏艰苦的精神,他最终研究发掘出大批珍贵文物,证实了完整的莫高窟石窟寺是由南北石窟共同构成的,从而使莫高窟有编号记录的洞窟由492个增加至735个,与唐代石碑记载的"窟内一千余龛"的数字比较接近。

考古过程中,他们还首次在敦煌地区发现了用于僧人生活起居的"僧房窟"和波斯银币,反映出中西交通以及商贸往来活动的情况;发掘并出土了十二世纪西夏文佛经、西夏文活字版《诸密咒要语》印刷品等世所罕见的重要文物。

特别是一九八九年,彭金章他们发现了回鹘文木活字48枚,使得敦煌研究院收藏的回鹘文木活字总数达到54枚。要知道,伯希和当年盗走藏经洞文物的时候,也曾经到过莫高窟北区,并从B181洞(今第464窟)攫取回鹘文木活字968枚,其中960枚现藏于巴黎吉美博物馆,其他8枚散藏于东京和纽约。后来俄国人奥登堡也在北区洞窟盗掘回鹘文木活字130枚,现藏于圣彼得堡艾尔米塔什博物馆。彭金章他们的发现,震惊了二十世纪九十年代的考古界。

一九八八年他开始北区石窟考古工作的时候已经五十多岁了,六十多岁以后完成了《敦煌莫高窟北区石窟》的考古报告,后来又专注于莫高窟南区洞窟内汉密壁画研究,还担任了《莫高窟北区考古论文集》的主编。

有人对彭金章开玩笑:"老彭,别人家都是女的跟随男的,你们家怎么反了呀?"彭金章笑道:"我凭我自己的本事做学问,不好吗?"

丈夫改变了方向,同样也在敦煌收获了了不起的考古成果,樊锦诗从内心深处替他高兴。

他们俩都深爱着敦煌,而敦煌终于成了他们共同的家。

# 推迟一点儿，再推迟一点儿

改革开放的春风吹遍了神州大地，中国社会面貌焕然一新。在樊锦诗走上管理岗位的十年间，随着西部开发的大潮奔涌而来，敦煌也从一个默默无闻的小城，变成了炙手可热的旅游名城。莫高窟的游客数量急剧增长，从一九七九年的一万人，到一九八四年突破了十万人的大关，一九九八年，竟然达到二十万人的高峰。

也正是在这一年，樊锦诗正式出任敦煌研究院的院长。

有一年夏天，她像往常那样进入洞窟。

"阿嚏，阿嚏——"她一连打了好几个喷嚏，赶紧出来了。原来，洞内弥漫着游客身上浓烈的香水味和汗味。

"我们的洞窟受得了吗?"她首先想到的不是自己不舒服,而是心爱的莫高窟,"人无远虑,必有近忧,我就是爱思考,这也都是逼出来的,事情在那儿,你得解决吧,不能绕。"

在度过了无数个艰苦的日子之后,如今她所面对的问题是全新的。一方面是美得惊人又脆弱到极点的洞窟,另一方面是源源不断、怀着好奇之心来到敦煌的游客。在两者之间取得平衡,并不是一件容易的事。

洞窟建在鸣沙山上,壁画绘在泥墙上,塑像是泥胎木制的。时间过去了一千多年,它们还在那儿,已然是奇迹。然而,樊锦诗心里比谁都清楚,衰老可以延缓,却终将降临,这是无法逆转的自然规律。

"一九〇八年莫高窟被盗,其中那个法国人伯希和,他不是一般的蟊贼,他是一个考古学家,他去了以后拍了好多照片,于是我就翻他拍的照片,一翻吓一跳,七十年代的洞窟有的地方已经模糊,有的地方已经退化了,有的地方已经脱落了。所以我们更应该加紧做档案，那么加紧做档案要拍照，但是照片放久了也会变色，这个档案有用吗？我们拿出一九〇八年拍摄的莫高窟照片和现在对比，发现一百多年间变化很大。现在的壁画很模糊，颜色也在逐渐褪去。壁画和人一样，不可能永葆青春。"

樊锦诗总是在演讲中谈起莫高窟的病害，痛心不已。她用尽可能通俗易懂的语言，对普通民众解释何谓"起甲""空鼓""酥碱""山体裂缝"，因为她想让更多人知道，这座举世无双的文化艺术宝库，遍体都是病痛伤害。

"莫高窟几乎所有洞窟都不同程度地存在着病害。你明知道它慢慢要退化，你明知道它要老，让它别老可能吗？你别老，你别死，不可能。"

无论我们如何伸手挽留，它最终有一天都会消失于这个世界。

几代人前仆后继地投身于敦煌，不计代价地向莫高窟奉献自己的宝贵年华，就是为了将告别的那一天推迟一点儿，再推迟一点儿。

# 希望它再存在一千年

能不能控制游客数量?

做实验,查数据,找到洞窟所能承受的最大限度。这是樊锦诗想出的办法之一。

然而,统计出来每日可以允许的参观人数少得可怜,如果真的这么做,樊锦诗觉得太对不起游客了。旅游旺季的时候,参观人数每天都在增长——五千,六千,七千,八千,九千,一万,一万多,黄金周更不用说。这么多人来看,对保护石窟不利,但是不让看也不行。

"不能阻挡观众,不能不让看。人们应该享受到这样珍贵的、杰出的文化遗产、成果,应该能欣赏它的价值、它的精美,我们如果要限制,这个不讲道理。"

控制游客数量这个第一时间想到的解决方式虽然直接、有效,但还是被她否决了。

从此之后,几乎每个夜晚,樊锦诗都在思考该怎么办。

她认为,参观莫高窟的人会越来越多,这个是可以预期的。洞窟本身是一个库房,很狭窄,里边的壁画也很脆弱。人越来越多,一点儿一点儿影响到壁画带,壁画退化不知不觉地加速,这样下去问题很严重。

为了保护石窟,不能让这么多人进洞,但是又要让观众深入敦煌,了解石窟。所以,她和同事们就开始做大量的研究。

随着社会的发展,电脑技术渐渐普及,终于有一天来到了敦煌。

"那时我就感觉,敦煌石窟有救了!"第一次了解到这种技术,樊锦诗心中就萌生了这样的念头。

他们想到了另一个好办法——在洞窟里安装传感器。

这么一来，洞窟仿佛多了一个忠心耿耿的卫士。

它会记录讲解员的名字、带了多少人、几点进去、几点出来，会记录他们在洞里待了几分钟，还会记录洞窟的温度、湿度、二氧化碳的数值。数值一旦超标，传感器就会显示出黄色，这就做到了对洞窟随时随地、无微不至的保护。监测离不开云计算、大数据等先进理念和技术。

保护没有尽头，研究也没有尽头，下一步还有硬骨头要啃，只有不断去探索。

"对，我并不是什么都懂了以后再写的提案，我是一知半解的时候写的提案。我们有句话叫'在保护的中间合理地开发，合理利用，在利用中间坚持保护'，这不是一句空话。"

不仅如此，见到电脑之后，六十五岁的樊锦诗忽然有了一个大胆的构想，这个构想在她脑海中越来越清晰，一直到真的动手去做。

那就是要为每一个洞窟、每一幅壁画、每一尊彩塑建立数字档案，利用数字技术让敦煌石窟的容颜永远留在世间。

做好数字档案,从事研究工作的人员可以拿着这个数字档案在洞外看,不用进洞。这个数字档案又进一步启发了她:能不能让观众也到洞外来看?

樊锦诗就这样从一个埋头考古的专家,意外走到了时代的前沿。

数字化很有前途,发展越来越快,她认为先进的科学技术既能解决敦煌石窟的保护问题,又能同时满足敦煌研究者和观众的需求。所以她下定决心要为敦煌石窟做数字档案,甚至采取更超前的手段,做成球幕。

樊锦诗专门请教了计算机专家,专家评估后认为可以。

"当时我是一知半解,其实并不懂这个技术,如果我当时真是懂了电脑,恐怕就会知道做不到了。因为二〇〇三年,多媒体、数字技术都还没有发展得这么快速。但是有一条我相信,因为我八十年代提出以后,到二〇〇三年写提案,我眼看着这个数字技术发展得越来越快,我认为它会满足我们的需求。"

希望它再存在一千年

二〇〇三年，樊锦诗在全国政协十届一次会议上提出一份提案，建议利用现代数字技术，展示莫高窟的历史文化背景和精美的洞窟艺术。经过五年探讨，二〇〇八年底，投资两亿六千万元的莫高窟保护历史上规模最大、涉及面最广的保护工程开始实施。除崖体加固、风沙治理等工程外，还要完成149个A级洞窟的文物影像拍摄和数据库建设。

"敦煌最终是要没有的。什么时候呢？我希望它还能存在一千年。"樊锦诗平静的语气中饱含深情。

# 千年莫高，梦幻佛宫

第一次见到飞天，樊锦诗就被它们轻盈曼妙的身姿迷住了。

在多次演讲中，樊锦诗都曾为观众介绍过敦煌的飞天壁画。她说一开始西域式的飞天都是较裸露的，但是传入中原后，受过礼乐教化的人们觉得不雅观，便给飞天"穿"上了衣服。而西域式的飞天从形象上来看，仿佛飞得很笨重，但经过中原文化的融合和创造，飞天渐渐变得纤巧苗条，不仅长裙飞舞，还挽着长长的飘带。樊锦诗说："它没有翅膀，可是你能感觉得到它在飞，在自由自在地翱翔。"她解释说，这就将中国人对美的一种感觉表达了出来。

初见敦煌时的那份感动,依然如同壁画刻在石窟里一般,深深地刻在樊锦诗的心上。

她和同事们不忘初心,通过奇思妙想和日复一日的辛苦工作,将这份感动奉献给一群又一群来到敦煌的人。在中央电视台的《朗读者》节目中,她曾谈起这个漫长而艰辛的过程:

"做着做着十年了吧,到了八十年代末到北京出差,有个人知道我在关注这个科技保护,说我带你去看电脑,图像只要变成数字,它就永远不变了。那我说我们的莫高窟这壁画能不能拿来试一试啊,可是我们试了半天呢,效果又不满意。又过了十年,等到九十年代末,我们已经跟国外合作,就在洞窟里铺轨道。《五台山图》13米多长,3米多高,40多平方米,要用6000多张这样的照片拼接出来,一点儿都不能变形。"

终于,在樊锦诗的推动和同事们的努力下,二〇一四年八月,包括游客接待大厅、数字影院、球幕影院等在内的数字展示中心投入使用。游客一拨拨如潮水般涌来,每到寒暑假还有许许多多的孩子来到敦煌游学，学习古代文化。不过洞窟无须再承担那么大的压力，一切都变得有序可控；先看电影了解，再实地体验感受洞窟的办法，不仅优化了游客的参观体验，更避免了他们"糊里糊涂来，糊里糊涂去"的尴尬。

现在游客到莫高窟旅游，可以先到数字展示中心看《千年莫高》和《梦幻佛宫》两部电影，有了初步了解后再进洞适度参观。这对壁画保护和游客参观都有好处。有了数字展示中心后，莫高窟单日游客的最高承载量由三千人次增加到六千人次。

二〇一六年四月，"数字敦煌"上线，三十个经典洞窟的高清数字化内容向全球发布。网站还有全景漫游体验服务，轻点鼠标，镜头就会跟着鼠标移动，游客在电脑前，就宛若在石窟中游览一般。网友还可以通过全息影像技术看到整个石窟的全景。

樊锦诗说："一九八七年，联合国教科文组织世界遗产委员会曾这样评价莫高窟：符合世界文化遗产全部六条标准，但脆弱的壁画需要特殊保护。我们应该向人民群众弘扬优秀的传统文化，老百姓真看明白了，也会自觉来保护，支持我们来保护。"

# 绝不当"王道士"

谈到敦煌壁画的修复进展,樊锦诗用通俗的语言解释道:"好比一个老太太住院两个月,前几天出院了,过两天她又住院了,你说她好了没?壁画就是这样,任何时候都在变化,它不断有问题,就得不停地修。莫高窟的壁画约有4.5万平方米,我们会抓紧做好这些壁画的数字档案,尽快做,尽量做。现在已完成了近五分之一,有近百个洞窟做到了数字化。"

樊锦诗曾经立下一个朴素的誓愿——保护文物绝不当"王道士"。

一九〇〇年发现藏经洞时,清帝国大厦将倾,官员腐败无能,人心惶惶。虽然当时清政府确实下过一个命令，让地方政府把藏经洞文物就地检点封存，可是不但没有官员管，还有人为国外的所谓考古学家提供了很多方便。

王道士谈不上是卖国贼，也曾为文物奔走，可是他不完全了解藏经洞的价值，更没有能力去保护敦煌文物。英国人斯坦因连哄带骗，给了他区区二百两银子，就盗走了几千件文物。

樊锦诗说："藏经洞的经书，有人说有五万多卷，也有人说四万多卷。如果把从经卷上揭下来的也算一卷，那就越算越多了。现在敦煌研究院保存稍微完整一点儿的，充其量只剩下三百多卷。其他都是碎块，但是碎块也不能小看，说不定拼接后也能有新发现。今时今日，我们绝不能当'王道士'。"

她认为自己如果不当院长，充其量也就是一介书生，但既然当了院长，就不能只是埋头业务，还要学习法律、管理等，注意文物保护规范。"数字敦煌"的成果出来后，立刻进行了著作权登记。

原来，王道士与斯坦因、伯希和等人是在旧

日严重不平等的情况下相遇，这才造成了文物的损坏和流失。如今新时代到来，中国经济和文化事业飞速发展，敦煌研究院平时跟境外交流很多。

"保护与对外交流并不矛盾。人家的保护技术、理念、水平都很高，与他们合作能快速进步。比如游客承载量研究、数字敦煌研究等，都在跟境外合作。但合作归合作，涉及文物保护必须严格遵守法规。"樊锦诗把这个问题想得通透。

"世界文化遗产保护有一条最高准则：完整的、真实的、可持续的保护。我们这一代人看到的文化遗产，是祖先一代代人保护下来的。到了我们这一代，绝对没有权力把它吃光用光。就像自然资源一样，你把矿都挖完了，下一代该怎么办？"

保护了敦煌，也就保护了中国源远流长的历史和文化。这并非一朝一夕的事，历经一千五百年的时空里，樊锦诗与其他保护者并肩而行，于沙漠中留下石窟不灭的光与影。

# 敦煌的春天

有人问过樊锦诗:"北京雾霾特别大,敦煌有雾霾吗?"

樊锦诗清晰地回答:"敦煌没有雾霾。敦煌有蓝天绿树,有鸟,有骆驼,有星星,有月亮。到了晚上,看得特别清楚。"

春天来了,吹向脸颊的风变得温柔,"遥看近却无"的绿色也爬上了敦煌的草尖树头,银山四面,月牙泉的一泓清水宛若梦幻。多少次,樊锦诗为了敦煌而奔波,从繁华都市回到大漠深处,听到九层楼的铁马风铃叮当作响时,总是有一种回到家的安心感。

"这里多好啊,又安静又广阔!"

说起敦煌,她的话语里有一种自家人的骄傲。

丝绸之路上的春天,每一年都如约而至,却又在斗转星移、季节更替中为风沙所掩埋。驼队来了又去了,这里曾是鼎盛一时的重镇,也曾在明代封闭嘉峪关后落到几乎无人管理的境地。

一九七九年之后,敦煌终于迎来了不一样的春天。

"没有改革开放,就没有敦煌事业的今天。"

二〇一八年十二月十八日,在人民大会堂召开的庆祝改革开放40周年大会上,樊锦诗被授予"改革先锋"称号。樊锦诗并没有为了会议而置办华服,还是和刚到敦煌时一样朴素。参加庆祝大会,她依然穿着旧的紫红色毛衣,那件毛衣跟着樊锦诗去了很多地方。

姐姐从电视里看到,比她还高兴:"前些年我给你织的这件毛衣,都进人民大会堂啦!"

当党和国家领导人集体站起转身,向获得"改革先锋"称号的受表彰人员鼓掌祝贺时,樊锦诗一时之间百感交集——这些年,她和同事们真的为敦煌做了许多事。

"国家把你培养出来,你怎么报国?就是要去做实际的工作。尽管我老了,但能为敦煌做些事,还是要做的。五十五年了,我爱敦煌,离不开敦煌,祖国的需要,就是我努力的方向。"

她是这么说的,也是这么做的。改革开放后的这些年,她在敦煌打破了一些陈旧的套路,做了许多创新。

樊锦诗带领全体敦煌人,在全国率先开展文物保护专项法规和保护规划建设。先是有《甘肃敦煌莫高窟保护条例》为莫高窟划好了保护范围,然后有《敦煌莫高窟保护总体规划(2006—2025)》,为敦煌石窟的保护、研究、弘扬事业提供了强有力的保障。

从二十世纪八十年代起,敦煌研究院还在全国文物界开国际合作先河。樊锦诗承认,最初是看中对方的资金和技术,但真的合作起来后,发现可以合作的范围很多,能够更完善地保护敦煌这片圣地。

但有一点,是她始终坚持的——

不管是哪个方面的合作,必须"以我为主,

为我所用，互利共赢"。

生活越来越好，游客越来越多，从改革开放初期的零星游客到如今游客年接待量过百万，再这么下去，洞窟那么小的空间，湿度温度升了降，降了升，塑像壁画会脱落，看坏了怎么办？所以最关键的是洞窟不能坏，再就是怎么让观众满意。得想办法，于是就有了"数字敦煌"，有效解决了保护与开放之间的难题。

"最初也有不少争议，过了几年，大家又说我有远见，我不认为自己多有远见。问题在那儿，没有任何退路，到底怎么去解决？要想办法。每个人把该做的做好，每个单位把该做的做好，这个国家就好了。"樊锦诗依然保持着念书时的耿直脾气，说得那么直接，那么有力。

# 我就是这个"调"

樊锦诗特别重视"人",强调"人"的作用。"事得人干,得有人啊!我们为培养人,钱花'海'啦!但还是坚持培养。这么多年,引进培养,事业留人,感情留人,敦煌研究院拥有的高学历、高层次人才居全国同类单位前列。但还是远远不够,'60后''70后''80后'……不能断档。人都是想做点事的,所以有了人,还要用好。再就是敦煌这地方,条件比不上大城市,你不能只跟人家谈奉献。"

为了留人,樊锦诗想了很多办法,也得到了政府的支持。

她知道大家辛苦,为了石窟守在敦煌不容易,常常请大家吃饭。有个职工的孩子生病，想借公款，可那是有规定的，公款不能这么用。樊锦诗想，孩子是一个家的希望呀，这个家安置妥了，人家才能安心做事，于是就跟他说："我自己给你拿点，你省着点花。"孩子病好了，见了她"樊奶奶、樊奶奶"地叫，她这才放下心来。

樊锦诗对工作人员关心，对自己却"抠"得很。单位原来在兰州也给她分了房子，她跟老彭一商量，反正他们俩多半都守在石窟这边，在兰州住得少，还不如给年轻人。后来就真的让给年轻人了，去兰州办事就住招待所，她还觉得挺方便。

她还经常说："讲解员的素质决定着遗产价值的展示，要常讲常新，要把学到的知识融会贯通之后，再给游客讲出来……讲解员们应该多出去学习，讲敦煌，怎么能不知道龙门石窟、云冈石窟？"这几十年来，敦煌研究院先后委托国内外机构和各大院校对讲解员进行专业培训，参加人员达到三百八十多位，每年冬天还安排近四十人到全国的石窟线考察学习。依托研究院得天独厚的学术平台优势,还组织长期坚守敦煌、潜心研究石窟的专家学者们为讲解员做专业辅导近三百场次,让他们及时分享到最前沿、最新的学术成果,更好地助力他们快速提高。今天,这支弘扬优秀传统文化的队伍已经培养出了能分别用汉语、日语、英语、法语、德语、韩语等六种语言讲解莫高窟的优秀人才。

长期的"引智育才"使敦煌石窟的保护研究逐步与国际接轨,敦煌石窟的保护工作也被推向了新高度。

有了政策支持,有了国际合作,有了人,但敦煌的事情还是要一步一个脚印地去做,不能投机取巧。

在考古专业方面,樊锦诗用了二十年时间去做《莫高窟第266～275窟考古报告》,报告出来后获了不少奖项。国学大师饶宗颐评价它"既真且确,精致绝伦,敦煌学又进一境"。樊锦诗说:"这些基础的事一定要耐心去做,如果人人都想略过这一步,只想在别人基础上出研究成果,那这些事谁去做呢?总得有人下'笨'功夫。"

日积月累地下"笨"功夫,抓细节管理,才是真正的敦煌精神。

"我也有点年纪了,没有必要去表演,没有必要虚头巴脑。你比如说我捡烟头,如果要作秀的话,我当着他们的面捡,可我就是吃完饭散步时捡。之前给他们说过,可我觉得他们不是太在乎。我想你们不在乎,那我捡嘛!也没想要给谁看,结果有一次他们看见了。"

樊锦诗笑称自己是个"厕所院长"。为了抓莫高窟的厕所卫生,她曾经把工作人员都叫来,打算刷给他们看。大家说:"哎呀,樊院长!你这就过分了,这是我们干的。"

樊锦诗说:"那你们来呀,我说了厕所必须没味,地上没烟头。你们没做到,那我来刷。你不能让大家说,莫高窟的洞窟是不错,可厕所脏,地上都是烟头,那不行。他们老说怕我,我说你怕我啥,我这人心肠又不坏。我就是认真,你不认真,我就要批评你。"

改革开放为敦煌送来了春天,但也带来了新的问题。

敦煌莫高窟保护利用工程是莫高窟史上规模最大的综合性保护工程，那么大的工程会不会招来腐败？

樊锦诗就曾提建议："得把从我开始的每一个人监督起来。"中标的施工方兴高采烈来找她，樊锦诗却给他泼凉水。"你别太高兴，我要和你约法三章，你也别打听院里有几个负责人，谁管事。我和你之间，只有质量和进度。"还吓唬他，"你别看我个子小，我能量很足的。以前有个单位和我们合作，他们把活儿干坏了，现在都没人和他们合作。你们干得好，我给你们宣传；你们干得不好，我也到处给你们说去。"后来施工方因为这个工程获了奖，有很多单位要和他们合作，他们可高兴了。

曾有部门提议将莫高窟和某旅游公司捆绑上市，通过现代资本运作提升其旅游价值。"这不是要把那些洞窟给卖了吗？"樊锦诗多方奔走，终于抵制了该计划。敦煌研究院要建办公楼，她告诫建筑设计师："别想着房子能突出你的风格，只有莫高窟，没有你自己！"

敦煌研究院的同事说,樊锦诗也会批评人,发火的次数也不少,但都是对事不对人。比如数字敦煌的片子在试片时,来了很多专家,樊锦诗也寄予了厚望。但没想到播放的效果不理想,菩萨的比例失调了,颜色也有点失真,她生气地把手里的笔都扔了,说:"怎么会这样!"

大家以为她这么生气,可能这件事会搁置一段时间了。没想到她很快就振作起来,联系中外合作,探索新的办法,运用测绘遥感技术,致力于将莫高窟的外形、洞内雕塑等一切文化遗迹以毫米的精度在电脑里留下虚拟影像。她花了十多年的时间和心血做游客调查、参观预约,以超乎想象的毅力在七十多岁时完成了数字展示中心的建设。

上海世博会刚刚结束,她就让数字展示中心的李萍主任带着团队去取经。他们整整十五天扎在世博场馆,从怎样打扫厕所,到如何运营管理,没日没夜地认真学习。回来后,先从清理脚下的各种建筑垃圾干起,直到设备进场,他们前后进行了七次大扫除,清除了十几吨的建筑垃圾，打扫了一万多平方米的场馆用地，做了九次大保洁，硬是把这块难啃的硬骨头给啃了下来。

开馆试运营的当天，进馆前，樊锦诗特意交代嘉宾："这个场馆建设得太不容易，我们把脚上的土好好蹭一蹭吧。"

今天我们都能看到的"数字敦煌"，背后是樊锦诗和无数莫高窟人的汗水与心血。

谈到敦煌，樊锦诗总是滔滔不绝。谈到自己，干练的她却一下子谦虚起来。

"他们说我低调，我不是低调，但我也不唱高调，我就是这个调。得了奖，到处被记者'围追堵截'，可我知道，这荣誉不是给我一个人的，奖章还是和以往一样，留给敦煌研究院。没有敦煌，别人不知道我是谁，所以不要太把自己当回事，要把事情当回事。只要我还在，慢慢加一点儿，再加一点儿，总能做点事。"

从少女时代开始，她就一直把钱当作身外之物，有基本衣物，有简单食物，足够。这些年获了一些奖，如果有奖金，她就捐给中国敦煌石窟保护研究基金会，每年再拿一万元捐出来，坚持二十多年了。

一直到几年前去北京开会，樊锦诗都是住在景山的地下室招待所，那里的条件艰苦，还要用古老的铁皮壶打热水。她说："我住这里，其他人就不好意思住高级的地方了。"这样，院里省下来的每一分钱，都可以为敦煌石窟所用。于是每次有会议之前，景山这个地下室招待所的老板都会打来电话，问樊锦诗还去不去住了。他说："樊先生是在我们这里住过的级别最高的名人。"

敦煌研究院副院长程亮说："二〇〇五年八月，樊院长动了胆囊切除术，院里不放心，让我陪她去北京开会。机票都买好了，樊院长却坚持一个人去，说如果程亮也去，那就让程亮去，她就不去了。最后樊院长一个人去了，还提着两大箱沉重的书，下飞机后扯到了伤口。起初大家都不理解，后来才懂得了她的良苦用心——她长期以来一直坚持尽量一个人出差，就是为了给院里多省钱，多办事。后来，我们也都按樊院长的习惯办事，一个人出差，都是带着饱满的工作任务。"

二〇〇五年六月，程亮担任办公室主任和樊锦诗的秘书，走得近了，才知道樊锦诗是如何严于律己。每天八点上班，她七点半就到了，中午不休息，六点下班吃完饭，又继续工作到晚上十点以后，甚至是凌晨一两点钟。她总是说，手要勤，腿要勤，嘴要紧，要学会开夜车，而且自己也是这样做的。

樊锦诗虽然是南方人，但在敦煌久了，个性像西北人一样耿直。有时听到程亮接电话与别人寒暄、客套，总是说他浪费时间，有事说事就行了。

他渐渐适应了樊锦诗的作息习惯。有一次，他带了一斤驴肉锅盔来加班，樊锦诗问，这是要吃几天的？他不好意思地说，其实当晚就要吃完，不然撑不住啊。

程亮的孩子在二〇〇七年十一月出生，虽然程亮在莫高窟住的地方距离家就二百米，却忙得很少能见到孩子。孩子见到樊锦诗总是问她："樊奶奶，我爸爸去哪儿了？"

"其实，樊先生比我们更累，有时候我们在

写材料,她坐在那里都要睡着了。可她不是为了自己,全是为了敦煌,凭着一股精气神在撑着。"程亮感慨地说道。

樊锦诗在一次会上说:"敦煌事业'芝麻开花节节高',是改革开放带来的。可以说,没有改革开放,就没有敦煌事业的今天,也没有我国文物事业的今天。我们是做了一些事,但这些事都是应该做的。路还长,任务重,关键是以后要做得更好。"

"白发逐梳落,朱颜辞镜去。"可是,与白居易的诗不同,樊锦诗送走了青春,送走了爱人,她的"少年心"却没有"销磨落何处"。

她依然如当初一样,执着地守护着敦煌。那看了五十年的洞窟,她不觉得厌倦,只怕它老去,万般地舍不得,放不下。

# 禅定佛的微笑

一九六三年来到敦煌时，樊锦诗就被第259窟的禅定佛迷住了。第259窟是莫高窟早期洞窟的代表之一，与所谓"早期三窟"，即莫高窟时代最早的第268窟、第272窟、第275窟相距不远。洞窟的建筑形式，前部继承的是中国传统的仿木结构人字披顶，后部为从西域传来的中心塔柱。

这尊北魏时期的禅定佛是公元四百多年的作品，距离今天已有一千五百多年的历史，但他的面庞上依然浮现出谜一般的微笑。当时莫高窟正在对这个洞窟进行修缮。

咦，这禅定佛在笑什么呢？

年轻的樊锦诗急忙爬上去凑近了一看,却觉得他笑得一点儿都不好看。其实,这恰恰是因为靠得太近了。等她再下来站着观望时,这才发现真是好看。

"因为我在下头,他在上头嘛。"她明白了雕塑艺术的秘密。

这尊禅定佛高0.92米,挺胸收腹,体态端庄,双腿盘起,双手在腹前重叠作禅定印。佛像眉毛弯弯,微微睁开的双眼朝下注视,鼻翼柔和地隆起,嘴角轻翘,双唇弯如半月,还有两个深深下陷的小窝。他的微笑恬静而隐秘,似乎已经大彻大悟,那是一种发自灵魂深处的会心微笑。

樊锦诗后来在演讲中曾经说过,莫高窟禅定佛微笑的时间大约是公元五世纪,比达·芬奇的《蒙娜丽莎的微笑》还要早。不仅如此,禅定佛的微笑与蒙娜丽莎的微笑很是不同。希腊罗马的艺术中哪块骨头、哪块肌肉都符合解剖学、科学原理,可中国古代艺术却讲究"六法",构图,色彩,线条……最好的艺术是有神韵的,禅定佛

禅定佛的微笑 133

的微笑就是这样,以形写神,形神皆备。

事隔多年,樊锦诗为敦煌默默奉献了一辈子。尝尽了世间冷暖,看尽了人间百态之后,她对禅定佛的理解也更深了。

樊锦诗认为,禅定佛是在思考。他的修行需要思考。所谓禅定,不是坐在那儿睡着了,而是要思考佛理教义。他的笑,不仅在于眼睛、嘴巴,连鼻子、眉毛、肌肉都在笑。他不是哈哈大笑,而是微笑,就像是一个学生做一道难题,三天都解不出来,突然解出来时的那种高兴。他顿悟了佛理,所以发自内心地感到喜悦。

樊锦诗与同人齐心协力,解决了莫高窟保护的难题时,脸上也会浮现出这样富有神韵的微笑吧。

有许许多多的前行者与后来者,和樊锦诗一起,并肩守护着敦煌。这里是汉人深入西北腹地,眺望欧亚之处,曾有匈奴、鲜卑、柔然、突厥、回纥、吐蕃、契丹、党项、蒙古、瓦剌的将士铁骑奔驰而过,亦有安息、波斯、贵霜、大食、天竺的骆驼商队蜿蜒而行,高僧九死一生西行求法，大儒寄怀尺牍皓首穷经，更有无数平凡的人于黄沙大风、虫蚁鸟兽、世俗冷暖中默默供养奉献，才成就了这洋洋大观的文化圣地。

# 一生所爱，一世守护

敦者，大也。煌者，盛也。

敦煌者，吾国学术之伤心史也。

近代以来，敦煌文物和经卷的流失令人扼腕叹息，心痛不已。

"你对它有深深的爱，就会想尽一切办法保护它。"樊锦诗说起敦煌的保护，不愿意多谈自己。

沪剧《敦煌女儿》讲的是樊锦诗的故事，创作者茅善玉说，对于把个人经历搬上舞台，樊锦诗最初是拒绝的。"樊先生非常低调，她一直跟我说她身上没有那么有戏剧性的故事，后来讲到要展现一代代敦煌人的'敦煌精神'，先生才松口同意。"

不论接受谁的采访，她总是更多地提起前辈们，说他们为什么来到敦煌，又说他们为什么留在敦煌，守着莫高窟不离开——

"我来的时候，研究所已经扩大到四十余人。常书鸿和段文杰这些老一辈敦煌守护者，在那么艰苦的环境下都能坚持下来。他们的精神深深地感染着我。"

这是个远离尘嚣的地方，很多人来了又去了，樊锦诗却留了下来。幽深的洞窟里，也不知是晴天还是阴天，看不见日光与月光，面对沉默的雕塑、壁画与经卷，她亲眼看着前辈们在昏暗的灯光下一笔一笔地描绘勾勒，在难言的孤独中一页一页地查阅记录……

樊锦诗谈起敦煌研究院第一任院长常书鸿先生，充满了敬佩。

常先生早年留学法国学油画，学业已经卓有成就，他本来完全可以在那浮华之地过着优越的生活，不必回到饱受风霜的祖国，更不必来这个寂寥到只可以听见风声、雨声和驼铃声的西北小城。

可是,如同传奇故事一般,常先生在巴黎塞纳河畔一个旧书摊上,偶然看到一本名为《敦煌图录》的画册。这本画册令常先生惊奇万分——在中国遥远的大漠边陲,竟然有这么一个令国外研究者无比神往的艺术圣地,可作为中国人的自己竟浑然不知,他的内心感到了剧烈的震动。

只此一眼,常先生就与敦煌结下了相守一生的缘分。为了与敦煌时刻相伴,他放弃了优越的生活条件和工作环境,毅然回到了祖国,从此致力于敦煌艺术的保护研究工作。几十年的艰苦生活把他从一个翩翩公子变成了樊锦诗实习时所见到的头戴草帽的农民模样。他经历了妻离子散、家破人亡的种种不幸和打击,克服了常人难以想象的困难,但他仍然义无反顾,守护着一生最爱的莫高窟。

常先生刚到敦煌时,莫高窟已荒废多年,连门都没有,人们可以随意进出。孙儒僩先生曾经回忆过一九四八年他在敦煌浴佛节(农历四月初八)庙会上的所见所闻:树林中牛马和骡子横行,破败的洞窟里扯起了高亢的秦腔,敦煌的地主、商人、农民倾城而出，人群熙熙攘攘，随意地进出洞窟礼佛。他们在已经断臂、断头的佛像前合掌，祈祷平安与健康，诉说自己心中的愿望，在满是壁画的墙壁上倚靠歇息，甚至抽起旱烟。工作人员前来劝阻时，不时发生争吵。

当时的莫高窟没有今天的窟门守护，更没有锁匙。孙儒僴和敦煌艺术研究所的同事们，一方面在洞窟之间来回巡视，靠着人力严防死守，另一方面，一遍又一遍地强调几年前就贴出的布告，不厌其烦地向村民们宣传文物保护的注意事项，期望文物保护意识能够深入人心。即使如此，礼佛的人们被请出洞窟时，还是情绪激动，无法理解。

很多人都认为，敦煌艺术研究所的工作与艺术、文化相关，必然是充满诗意、无比浪漫的。其实，当时的研究所工作人员每天必须进行的艰苦工作，首先是清除数百年来堆积在三百多个洞窟之中的积沙。虽然艰苦，却不能不做。在常书鸿先生的带领下，工作人员拆除了洞窟里俄国人搭建的土炕、土灶，还通过募集款项，为一些重要的洞窟安装了窟门，修建了长达一千余米的围墙，阻挡破坏和偷盗。

在樊锦诗的回忆中，常先生组织大家修复和临摹壁画，为壁画精品的留存呕心沥血，又搜集整理文物，撰写论文，使得敦煌的学术价值呈现于世界，并多次举办大型展览，出版画册，不仅向研究者，也向大众介绍敦煌艺术，为保护和研究莫高窟做出了卓越的贡献。

几乎每一个敦煌工作者来到此地，都是命运之手的安排。樊锦诗的前任、敦煌研究院第二任院长段文杰先生和常书鸿先生一样，毕业时，就因为看到了张大千先生临摹的莫高窟壁画作品，便如着了魔一般，来到了敦煌，一转眼已是六十多年过去。樊锦诗初见段先生时，他穿着一件工作服，上面都是点点颜色。樊锦诗问他："您脸上怎么都是点点？"段先生说："这不是《九色鹿》故事里都是点点嘛！"

他同样为敦煌殚精竭虑，以毕生心血和精力守护这沙漠里的童话世界，最后将自己的生命留在了这里。即使如此，段文杰先生总是觉得自己做得不够。在一九八〇年八月他给漫画大师毕克官的信件末尾还是写着:"总而言之,我们的工作很差……今后还必须埋头苦干,补过去之不足。"

除了常先生和段先生,还有那么多人受到敦煌的召唤,在这里奉献了自己的时间——常先生的女儿常沙娜,段先生的妻子关友惠,史苇湘、欧阳琳夫妇,孙儒僴、李其琼夫妇,大国工匠李云鹤、李贞伯、万庚育、侯黎明、娄婕……

甚至还有外国人。

一九五八年,常书鸿先生携敦煌临摹壁画出访日本东京,日本著名画家平山郁夫先生在观看壁画后,敏锐地发现了日本文化与敦煌之间的渊源,与敦煌结下了不解之缘。作为广岛原子弹爆炸后的幸存者,平山先生一生奉行和平主义,立志以绘画和艺术之美唤醒人类的良知,倡导文化交流。一九七九年访华,平山先生认为莫高窟第220窟前壁门上方的说法图和日本法隆寺的观音壁画极为相似。虽然相隔四千多公里,但"两幅壁画的观音像从画风到肌肤的颜色、线条、花纹、璎珞的颜色完全一样"。经他考证,原来这两幅壁画应为唐朝长安画坊同一底稿所画的两幅，一幅辗转来到莫高窟，另一幅则被遣唐使送往奈良。平山先生以唐僧玄奘大师为人生楷模，沿着丝绸之路寻找文化之源，不仅创作了《佛教传来》这样的杰作，而且成了敦煌石窟的新供养人，为它积极奔走，敦促日本政府无偿援助十亿日元建设敦煌石窟文物保护研究陈列中心。又在一九八九年将举办个人画展的全部收入两亿日元捐赠给敦煌研究院，设立"平山郁夫敦煌学术基金"，用以资助敦煌石窟的保护研究。

大风阵阵吹来，沙子眯了人的眼睛。风吹过党河，吹过三危山的沙丘，也吹过那沙丘旁墓碑上的名字。风停了，我们才能看清那些名字……

"苦都让老先生们吃了，他们中的绝大多数人都走了，我们不该忘记这些人，他们就是敦煌的保护神。待了一年一年又一年，这么待着，被老一辈感染，我就慢慢理解了，他们待下来是为了敦煌，我是不是也应该给敦煌做一点儿事？"樊锦诗说，"是那个单纯的时代环境造就了我们这一群人，不单单是我，我们那代人都这样。"

西北荒漠，向来是古代的流放之地。有人开玩笑说，来敦煌工作就是被判了"无期徒刑"。她笑着说："我没有认为自己是被判了无期徒刑，选择这个职业，我感到很幸福。一个人一生做好一件事，已经很不容易了，我觉得自己做得太少。常书鸿先生在有生之年，用大把的心血和年华来为敦煌做事。我不知道自己有没有常先生那样幸运，能在九十岁时还继续搞自己热爱的事业。况且，以历史的眼光看，九十年也仅仅是九十年，太快、太短了。"

的确，与敦煌的千年历史相比，人的一生是那么短暂。一个人就算一辈子守护敦煌，最多也只是百年而已。以有限的血肉去守护无限的历史与时间，仿佛是螳臂当车一般。

然而，在敦煌研究院的一面墙上，却写着这样一句话：历史是脆弱的，因为她被写在了纸上，画在了墙上；历史又是坚强的，因为总有一批人愿意守护历史的真实，希望她永不磨灭。

敦煌壁画中现存六幅《玄奘取经图》，都绘制在甘肃瓜州西夏时代的洞窟里，比明代吴承恩的

《西游记》早三百年。榆林窟第2窟和第29窟各有一幅，榆林窟第3窟有两幅，东千佛洞第2窟有两幅。其中保存较好，具有代表性的是榆林窟第2窟、第3窟和东千佛洞第2窟的几幅。

这六幅壁画都有一个共同的特点：画面中的人物都只有身披袈裟的玄奘，形貌似猴、披散头发的"孙悟空"手牵白马。有人猜测，"悟空"其实是"胡僧"的谐音，也就是玄奘法师亲自为他授戒的胡人弟子石磐陀。

取经图的画面虽然各有区别，但要不就是绘在水月观音旁，要不就是绘在激流滚滚的河边，这很可能象征性地表现了玄奘孤征二十载、西行取经求法的历程，山高水远，历经艰辛，九死一生。

常书鸿、段文杰、樊锦诗……这一个个以血肉之躯守护敦煌的名字，必将与时间另一头的取经人一样，被深深地铭刻在敦煌的历史上，汇入丝绸之路的画卷里，风吹不走，雨打不去。

二〇一三年，樊锦诗作为全国劳模代表赴北京参加"用辛勤劳动托起中国梦——二〇一三年庆祝'五一'国际劳动节活动",受到了党和国家领导人的接见。在座谈会上,她说:"我是代表敦煌研究院全体职工到北京参会的。敦煌研究院取得的成绩,是几代莫高窟人艰苦奋斗,勇于创新,淡泊名利,甘于奉献,通过脚踏实地的辛勤劳动实现的。让莫高窟这颗古老的中华民族文化明珠永放光彩,是几代敦煌人梦寐以求的,也是实现中国梦的重要内容。"

# 未来在你手中

老一辈敦煌人奉献了自己，也奉献了孩子。

敦煌数字展示中心主任李萍谈起这些往事，不禁潸然泪下。

"我是敦煌本地居民，小时候和敦煌研究院的孩子一起玩。他们很多是住在山下的办事处，一周才能上山见一次父母。当时敦煌本地没有像样的学校，教学质量也比较落后，这些孩子很多都被耽误了，很少考上大学。一九八五年，我到武大去看望彭金章先生，他带着孩子，在筒子楼里亲自下热干面。他与樊锦诗先生两地分居十九年，生活真的非常不易。他们的两个儿子现在都在外地工作。"

一九九〇年五月一日，受敦煌研究院推荐，在日本刻苦求学整整两年后，李萍回到了敦煌。

"每当大家问起我为什么选择回国时，我眼前浮现的是段院长为了成就我们的'大学梦'，牺牲很多宝贵的休息时间，奔忙在各个学校的身影；耳畔响起的是他坐在学生宿舍下铺的干床板上语重心长地对我们说'你们是敦煌的孩子，要好好学习，要回来'的话语。是啊，我是敦煌的孩子，如果没有敦煌研究院搭建的这个学习平台，没有段院长、樊院长等一批德高望重、学识渊博的大家的培养和教诲，我们哪有机会走出国门？是他们的精神在引领和感召着我回来，这里有我敬重与感恩的人，有我的初心和使命，有值得我付出的事业！"

考古学家贺世哲老师曾说过，如果哪位翻译能把《涅槃和弥勒的图像学》《犍陀罗美术寻踪》翻译出来，那将是一件功德无量的事。李萍这个讲解员出身的翻译员，在四十岁的时候，硬是将这两部近百万字的日语学术著作翻译了出来，二〇〇八年的时候，她还自豪地成了一名奥运会的火炬手。

李萍说,现在的敦煌人也是一门心思扑在工作上,尤其是一线的讲解员,没有双休日可言,黄金周或有超大客流时都要值班。所以事假不能超过两天,大家得排着队请假。有一些当了母亲的讲解员请不到假时,真的很难同时兼顾工作与家庭,不少人只好把孩子完全交给父母,一线部门流着眼泪请假的事情常常发生。

有一年"五一",李萍的女儿生病,但她还在莫高窟下不来。到了晚上终于下了山,跑到儿科找孩子。大夫说:"你孩子都这么危险了,你还要上班?"

在大城市的孩子,很小就被父母带着出门旅行了。而她的孩子小学毕业才第一次参加夏令营。李萍和爱人在院子里等她回来,一直等到凌晨三点。孩子激动地说,妈妈,我坐上软卧了。其实,孩子没什么机会出门,完全不知道,那只是有隔断的硬卧火车。

早期这里地处大漠深处,实在是艰苦,连敦煌本地人也不看好这里,不愿来研究院工作,也不愿与研究院的人结婚。到了二十世纪九十年代就好多了,现在的敦煌研究院已经是个人们乐于在此工作、生活的地方了,敦煌有了像样的学校,本地的孩子们也能受到良好的教育了。

多年来,樊锦诗坚持向敦煌本地的孩子和全国各地的少年儿童弘扬敦煌文化。

二〇〇六年七月,常州市局前街小学的老师联系到樊锦诗,课本里有一篇有关莫高窟的课文,老师希望在上课时能够和樊先生连线,请她给孩子们讲讲莫高窟。樊奶奶欣然应允。尽管当时还不能视频连线,她依然通过座机电话连线,配合老师上好了这节课。之后连续几年,樊锦诗都通过这个方式给孩子们连线上课,宣传敦煌文化艺术。可爱的孩子们也捐出了自己的零花钱,一共一百多元,签名保护莫高窟。后来,敦煌研究院邀请局前街小学的孩子们到敦煌参观,并由此促成了常州博物馆的敦煌展。

樊先生给孩子们讲解时,都要根据孩子们的特点,在讲座前亲自修改讲稿和PPT,有针对性地去讲。哪怕是讲同样的内容,也从来不用统一的稿子。她总是在打印稿上用红笔和蓝笔留下密密麻麻的手写痕迹，还给院里打来电话，有时问："我加了一个图片，应该怎么弄？"有时问："我是老古董了，我这样讲，孩子们能听明白吗？"后来程亮他们专门想办法做了一个常见问题的集锦，来应对她的修改。

为了将博大精深的敦煌石窟文化讲得深入浅出，她甚至特意去了解一些孩子们熟悉的流行语，连"萌萌哒"之类的网络用语都用上了。

樊锦诗说，文化遗产教育要从孩子抓起。所以敦煌研究院在敦煌本地组织了文化进校园、小小讲解员、免费参观讲解等一系列面向少年儿童的活动。在全国各地，敦煌研究院与上海市平和双语学校、常州市局前街小学建立了亲密联系，保持着长期合作，在青少年文化遗产教育、石窟保护慈善方面取得了重要成果。

二〇一六年九月十五日，上海市平和双语学校艺术教育实践基地在莫高窟敦煌研究院举行揭牌仪式。樊锦诗用亲切的上海话欢迎孩子们来到敦煌，她对孩子们说，基地建成了，孩子们以后在敦煌就有家了,"这里就是你们的家"。

在敦煌莫高窟创建一千六百五十周年纪念音乐会中,上海市平和双语学校的孩子们和敦煌东街小学的孩子们,近四百人合作演出了童声合唱《半个月亮爬上来》和《我的祖国》。中国交响乐团在九层楼前奏响唯美乐章,纪念一千六百五十年前那第一声凿击岩壁的回响,感恩历史留给全人类的绝美馈赠。孩子们纯真的声音让现场观众深深震撼和感动。

也是在二〇一六年,经过三天烈日酷暑中的徒步跋涉,上海南山书房的师生和家长们终于到达了他们心目中的文化圣地莫高窟,这已经是南山书房第三次造访莫高窟。二〇一五年七月,在"阿拉上海人"专项基金会的筹划和组织下,南山书房的小捐赠者们认捐了莫高窟数字展示中心前种植的胡杨苗。随后基金会积极筹措,为敦煌莫高窟的保护、研究工作募集资金。各方捐赠者中,有许多正在小学、中学就读的学生,还有幼儿园的孩子。他们在家长的鼓励下,主动将自己积攒许久的零花钱、压岁钱捐出,募集了十万零两千元善款，全部用于敦煌石窟保护研究弘扬事业。孩子们自觉行动起来保护文化遗产，让身处戈壁大漠的莫高窟人深受鼓舞。

樊锦诗为孩子们做了题为《敦煌莫高窟和藏经洞展现的少年儿童学习和游戏》的讲座。这次讲座，是樊锦诗在孩子们到来的前一天夜里精心准备的。讲座中，当时七十八岁的樊奶奶带领孩子们了解壁画里展现的古代孩子如何学习和玩耍。她告诉孩子们，古代的儿童在学校里犯了错，是要受到惩戒的，"是要打屁股的"！幽默平实的语言逗得在场的孩子们笑了起来，路上的疲惫一扫而空，大家都积极地和樊奶奶互动。

时任院长王旭东代表全院职工告诉孩子们："通过这样的一个认捐活动，我们传统的民族文化将进入你们的内心深处，一定会变成你们人生中重要的营养。希望来自上海的你们，能以敦煌文化为纽带，与敦煌当地的小朋友建立起交流的关系，共同吸收敦煌文化的营养，变成你们内心共同的力量。"

孩子们的带队老师丁雁说："虽然我们在遥远

的上海,不能像樊锦诗先生这样的文物保护工作者,日夜守护我们的莫高窟,但是,我们会为了民族文化瑰宝不遗余力地坚持下去。今天我们认捐的胡杨苗,将代替我们,再陪伴莫高窟度过下一个十年、一百年、一千年!"

一年后,南山书房又发起了认捐胡杨苗的活动,此次他们共以认捐的形式向敦煌研究院捐款七万六千元,并与敦煌研究院合作,发起了"南山走丝路——南山亲子文化行之'三走丝路'暨70公里戈壁徒步"活动。他们将徒步活动的终点定为莫高窟。到达后,他们参观了艺术圣殿莫高窟,并在聆听了樊锦诗的讲课后,去查看了去年捐种的胡杨树,一年前稚嫩的小树苗,如今已经深深扎根,长出了茂密的枝叶。

敦煌研究院名誉院长樊锦诗和时任副院长赵声良为南山书房胡杨苗认捐人颁发了捐赠证书,并为在戈壁徒步活动中表现优异的小朋友颁奖。颁奖仪式在九层楼前举行,每一位认捐胡杨苗的小朋友,都将获得由敦煌研究院颁发的捐赠证书和书籍《灿烂佛宫》。更令人惊喜的是,此次的捐赠证书，全部由赵声良先生软笔书写，他在捐赠仪式中，对捐赠者的善举表达了深深的敬意，宣布此次南山书房捐赠的所有款项，都将用于胡杨苗的种植。他还说，也许孩子们中间就有将来的敦煌学专家，像一代代莫高窟人一样选择坚守大漠，守护敦煌。

我们访问敦煌时，带我们进入敦煌研究院的，是新媒体中心主任杜鹃和"90后"的李喆。杜鹃来自东部的海滨小城，从西安美术学院毕业后来到水土气候完全不一样的敦煌。现在敦煌研究院发展壮大了，内部的文件、外部的媒体发布和交接，事情做也做不完，她每天忙得团团转，难得能回家。

李喆就是敦煌本地的孩子，学的是摄影，来自新媒体中心。千佛，是敦煌石窟常见的图案。李喆此时身处文物保护研究陈列中心复原的隋朝419窟，就指着南北壁的千佛告诉我，这些小佛像都是对称的，比如其中一个小佛像，本来按对角线那列佛像的颜色推测应该是红色，现在却氧化了，变成了黑色。

我们感到奇怪:"你不是学摄影的吗?怎么对石窟那么熟悉?"

他说:"研究院要求新来的年轻人都要先做一年讲解员,了解石窟,对人生也是一种历练。"

程亮提到:"为了文化艺术的传承,我们一向会对历史、考古或美术等专业的学生开放研学路线或特窟供他们学习。但我们也注意到,现在有一些学生,进入洞窟后不能耐心听讲解员和老师的讲解,或是缺乏文物保护意识,这是很令人遗憾的。针对这些情况,敦煌研究院通过与腾讯合作的'云游敦煌'小程序,在二〇二〇年九至十月通过动画形式讲一讲文物保护。现在敦煌一直在做高校巡展,以后还要做'高校进课堂'活动。我们目前已经和北大智慧树开展了网上选课的'美学课堂'。"

二〇二〇年高考,湖南耒阳女孩钟芳蓉考出676分的好成绩。谈及未来,钟芳蓉表示自己从小就喜欢历史和文物,受到樊锦诗的影响,想报考北京大学考古专业。为此,樊锦诗给她送去口述自传《我心归处是敦煌——樊锦诗自述》一书,并写信鼓励她"不忘初心,坚守自己的理想,静下心来好好念书"。在《似是故人来》节目中,樊锦诗更是表达了对年轻人的鼓励:"我们的事业永远是年轻人的事,只有年轻人热爱文物,懂得文物,去研究它,保护它,那么这个事业就能发展,永葆青春。"

　　孩子,你们是世界的未来,敦煌的未来在你们的手中。

# 后记

二○二○年七月,敦煌研究院工作人员李萍向我们说起了这么一件事——

"前年十月的一个下午,三点多,我忽然接到樊院长的电话。她说,你从数展中心上莫高窟来,见见我。

"我到莫高窟时,樊院长刚刚收拾好东西,她拿出一件琉璃饰品递到我手里。

"敦煌研究院的风气一向朴素,这么多年,樊院长从来没送过我什么。我拿着琉璃饰品,惊讶极了。

"樊院长又说:'你从很年轻时就跟着我,我交代给你的工作,从接待部的讲解员开始,到现

在建立、运营数展中心,你都完成得很好。我就要回上海了,整理房间时找到这个,送给你吧。还有两包茶叶,送给你的父母。'

"我的心中一阵伤感,眼泪当时就流了下来——刚来莫高窟时,我还是个二十出头的年轻人,当时樊院长和现在的我一样,是个中年人。如今我都已经五十七岁,还有三年就退休了,樊院长已经一头银发,成了八十多岁的老人……唉,我舍不得她离开敦煌,舍不得她老。

"可是樊院长却一滴眼泪都没流,只是轻轻地说:'不哭,你的眼泪就是多。这有什么呢?人都要老的。'

"就像以往一样,她是那么坚强、执着,充满了生命力,一辈子都想着工作。躺下是敦煌,眼睛睁开也是敦煌。

"樊院长很少当面表扬我们。作为莫高窟文物保护新模式的推行者,我没有辜负她的希望。所以,这次离开敦煌,她特意把我喊来,与我道别,又给了我这珍贵的表扬。"

原本每天都在一块儿工作,可这一次告别,

不知何时能再相见。没想到，一个月后，她就再次接到工作安排，陪身处上海的樊锦诗去北京参加平山郁夫画展。

院里出差，车票都订二等座。但李萍考虑到樊锦诗年纪大了，特意给她订了一等座，想让她坐得舒服点。进了高铁站，她径直领着樊锦诗去贵宾室，没想到，贵宾室是只有商务座才能坐的，一等座还不行。正在窘迫之际，樊锦诗摇了摇头说："不要改了，省点钱，这都是要院里出的。"

结果第二天去见平山夫人时，李萍发现樊锦诗因为坐得太久，脖子直了，颈椎病犯了，疼痛难忍。幸好她随身带了治疗的喷雾，连忙给了樊锦诗。

樊锦诗参加了画展开幕式，接受了采访。樊锦诗次日在上海大学还有讲座，晚上五六点必须返回上海，夜里将近十一点才到。李萍因为很疲劳，第二天还在休息，樊锦诗在上海大学的讲座却已经讲完。

"我从心底深处敬佩樊院长和老一辈敦煌人的

精神力量，这是年轻人都比不上的。"她由衷地赞叹道。

每年大年三十，李萍都带孩子去看看莫高窟。

"冬天里的莫高窟没什么人，我总是觉得，它就像一个巨人，一年里的每一天都劳累着，到了年三十，我们就安安静静地守着它，不惊扰它，让它休息就好。那一刻，我总是有一种要流泪的冲动。现代的科技远远超过了古代，可是在艺术领域，古人和今人没有高下之分。万一敦煌石窟消失了，那么会给中华文明带来怎样无可挽回的损失呀！最近有人在网络上说莫高窟的数展中心是一种旅游套路，这是极不负责任的说法。一旦放开游览，新模式就完了。我们好不容易摸索出来的莫高窟的保护模式也就完了。假如像原来那样，旅游车开到了莫高窟前面，那么人们是翻墙都要进来看看的。不是不给游客看窟，但对于每一天都在衰老、有朝一日可能消失的莫高窟来说，文物保护更加重要。"

程亮说："说到老一辈的敦煌人，他们真的不是为了找一份工作而来到敦煌，他们完全是因为对艺术的热爱,对文化遗产的责任才来到大漠,扎根敦煌。他们不是从私利出发,而是拥有一种使命感。纵然遭受了不公,也没有放弃追求。总是乐观积极地面对人生,不提任何条件,回到敦煌就非常开心……就像敦煌研究院的很多同志一样,我最喜爱的洞窟是158窟,或许是因为一进入那里,人的内心就能够摒除世间的纷纷扰扰,宁静下来。"

是的,我们离开游人如织的莫高窟,就转入一条两边都是白杨树的道路,周围一下子变得安静下来——是人们在大城市里绝对感受不到的那种安静,你甚至可以听得见"呜——呜——"的声音,这也许是风吹沙子的声音,又或者是来自一个人内心的声音。仿佛这个地方才是世界本来的样子,只是被人们遗忘了很久。

走进工作的洞窟,里面黑乎乎的,只有冷光源照明。研究院的同志们一待就是一天。正在修复231窟的杨韬师傅见我们来了,一个劲儿地给我们讲洞窟的起甲、酥碱、空鼓对壁画的危害,这几个月都在墙上做什么实验,壁画原来的颜色，等等，他眼睛里的那种执着、对壁画的小心翼翼，都令人十分感动。341窟，年轻女孩胡慧君和同事正在架好的轨道上为洞窟拍摄影像和高科技的拼接，现在研究院已经完成了200多个洞窟的3D模型和图像采集。现在大家足不出户，就能在网络上看到敦煌洞窟的样子，10个朝代的30个洞窟，4430平方米的壁画，达到300DPI的采集精度，那就是他们日复一日的工作成果。

程亮刚来研究院时，和研究员李永宁先生在图书馆整理宝贵的资料，比如伯希和偷运去法国的敦煌卷子，古文献学家王重民全部看了一遍，抄录的一万三千张卡片。李永宁先生总是对他说，咱们做的基础性工作必须严谨，要对得起良知，不然建立在此之上的研究就会有偏差。李先生为人富有正义感，二〇〇三年九月去北京出差，当时已经七十多岁的李先生看见贴小广告的人就追，最后让程亮和他一起把小广告都抠干净，才肯回到住处。

敦煌研究院的安静，就是这些一心一意、默默奉献的人为保护石窟而工作的声音。在敦煌研究院工作的人们很少为世俗的喧嚣所打扰,一辈子只做一件事,把它做好。就像樊锦诗说的:"简单相信,傻傻坚持。"

一个人要做成一件事,执着是不可缺少的品质。樊锦诗用人生的一个又一个十年的执着与坚守,让后来人看到了今天屹立于世界的莫高窟。

五十七年的艰辛与不易,书写下的是莫高窟人坚守大漠、甘于奉献、勇于担当、开拓进取的敦煌精神!